SOBREVIVER E PROSPERAR: COMO SE PREPARAR PARA A PRÓXIMA CRISE FINANCEIRA

RAY CYNERS

Este livro pretende fornecer um material útil e informativo. Ele destina-se a fornecer informações de ordem geral e não deve ser considerado como aconselhamento financeiro individualizado. O autor não é responsável por nenhuma perda, dano ou risco decorrentes da aplicação do conteúdo deste trabalho.

Copyright © 2024 Ray Cyners
Todos os direitos reservados.
ISBN: 9798333352187

CONTEÚDO

Introdução vi
Capítulo Um: Entendendo as Crises Financeiras 1
    Exemplos históricos e seus impactos 3
Capítulo Dois: Avaliando a sua Saúde Financeira Atual 15
    Avaliando suas Receitas, Despesas e Dívidas 15
    Compreendendo seu patrimônio líquido 16
    Criando um demonstrativo financeiro pessoal 16
    A importância de avaliações financeiras regulares 17
Capítulo Três: Diversificando a Sua Fonte de Renda 18
    Os benefícios de múltiplas fontes de renda 18
Capítulo Quatro: Investimento Inteligente em Tempos Incertos 24
    Estratégias de Investimento para Mercados Voláteis 24
Capítulo Cinco: Gerenciando a Dívida com Eficiência 33
    Priorizando e Pagando Dívidas com Altos Juros 33
Capítulo Seis: Protegendo os Seus Ativos 38
    A Importância do Seguro 38
Capítulo Sete: Cortar Custos e Seguir um Orçamento com Sabedoria 42
    Identificando e Eliminando Despesas Desnecessárias 42
    Criando um Orçamento Flexível 44
    Dicas para uma Vida Frugal 44
Capítulo Oito: Manter-se informado e adaptar-se 46
    A Importância da Educação Financeira 46
    Recursos para se Manter Atualizado sobre as Tendências Econômicas 47
    Adaptando seu Plano Financeiro Conforme Necessário 48
    Monitore os principais indicadores econômicos 48
Capítulo Nove: Planejando a Longo Prazo 53
    Definindo Metas Financeiras 53
    Planejamento da Aposentadoria em Tempos Incertos 55
    Planejamento Patrimonial e Proteção do seu Legado 56
Capítulo Dez: Preparação Psicológica 59
    Lidando com o Estresse Financeiro e a Ansiedade 59
    Construindo Resiliência e uma Mentalidade Positiva 60
    Buscando Aconselhamento Financeiro Profissional Quando Necessário 60
Capítulo Onze: Reconstruindo a Sua Base Financeira 63
    Reparando Crédito 63
    Definindo Novas Metas Financeiras 64
Conclusão: Enfrentando Crises Financeiras com Resiliência 66
Sobre o Autor 68

Introdução

Numa economia global cada vez mais volátil, estar preparado para futuras crises financeiras é importante para manter a estabilidade financeira e a paz de espírito. O mundo testemunhou inúmeras crises financeiras, desde a Grande Depressão até à Crise Financeira Global de 2008, cada uma delas deixando um impacto profundo em indivíduos, empresas e economias inteiras. Estes acontecimentos salientam a importância do planeamento financeiro proativo e da preparação para potenciais crises econômicas.

Uma das razões mais convincentes para estar preparado é a imprevisibilidade das crises financeiras. Muitas vezes atacam sem aviso prévio e as ramificações podem ser rápidas e graves. A perda de empregos, a queda das bolsas de valores e o estreitamento das condições de crédito podem ocorrer rapidamente, deixando aqueles que não estão preparados numa situação precária. Ter um plano financeiro robusto em vigor pode mitigar o choque e proporcionar uma proteção para enfrentar a tempestade.

A geodinâmica na esfera política entre os países, bem como as iniciativas para criar ou adotar novas moedas comuns, e assim distanciar-se do dólar, criam um cenário onde as potenciais repercussões financeiras são elevadas, impactando tanto as populações como os governos.

A importância de estar preparado para futuras crises financeiras não pode ser menosprezada. O cenário econômico está repleto de incertezas e a capacidade de navegar através de turbulência financeira é uma prova da visão e do planeamento de indivíduos e empresas. Ao diversificar os investimentos, criar fundos de emergência, gerir a dívida, manter-se informado e rever regularmente a saúde financeira, pode-se mitigar significativamente os impactos das crises econômicas. A preparação proativa garante que, quando a próxima crise financeira chegar, ela seja enfrentada com confiança e resiliência, protegendo o futuro financeiro e proporcionando paz de espírito no meio das inevitáveis incertezas da economia global.

Capítulo Um: Entendendo as Crises Financeiras

Uma crise financeira é uma situação em que o valor das instituições financeiras ou dos ativos cai rapidamente, levando à perturbações econômicas generalizadas. Isto resulta muitas vezes de uma combinação de fatores, incluindo dívida excessiva, práticas financeiras arriscadas, choques econômicos, políticas financeiras deficientes, bolhas especulativas e uma súbita perda de confiança entre os investidores. Os seus efeitos em cascata podem causar impactos graves nas economias, tais como quedas acentuadas nos mercados de bolsa de valores, falências bancárias e uma redução na riqueza do consumidor, levando à diminuição dos gastos e do investimento.

As crises financeiras conduzem frequentemente à desacelerações significativas na economia, causando recessões, elevadas taxas de desemprego e dificuldades financeiras generalizadas. Elas podem afetar qualquer pessoa, desde famílias até grandes empresas e governos, tornando essencial compreender o que são e como ocorrem.

Os governos e os bancos centrais respondem normalmente às crises financeiras com uma série de intervenções destinadas a estabilizar a economia. Estas medidas podem incluir a injeção de liquidez no sistema bancário, a redução das taxas de juro e a implementação de pacotes de estímulo fiscal. Apesar destes esforços, o rescaldo de uma crise financeira pode levar à mudanças a longo prazo nas políticas econômicas e diretrizes regulamentares para prevenir ocorrências futuras.

Os efeitos imediatos de uma crise financeira sobre a população podem ser profundos e de longo alcance, afetando vários aspectos da vida quotidiana e da estabilidade econômica geral. Um dos impactos mais diretos é o aumento da taxa de desemprego. À medida que as empresas enfrentam receitas decrescentes e condições de crédito mais restritivas, muitas são forçadas a despedir trabalhadores ou a congelar contratações. Isto leva à perda generalizada de empregos e ao aumento da insegurança no emprego para aqueles que ainda estão empregados.

Com o aumento do desemprego e da insegurança no emprego, os rendimentos familiares frequentemente diminuem. As pessoas podem sofrer cortes salariais, redução do horário de trabalho ou perda de bônus e benefícios. A redução do rendimento dificulta o cumprimento das obrigações financeiras das famílias, levando ao esgotamento das poupanças e, em casos graves, ao aumento do endividamento.

À medida em que as pessoas perdem empregos ou temem potenciais perdas de emprego, elas tendem a reduzir as despesas. Este declínio nos gastos dos consumidores agrava a contração econômica, uma vez que as empresas registram vendas mais baixas, levando a mais cortes de empregos e potenciais encerramentos de empresas. O ciclo de redução de gastos e declínio empresarial pode aprofundar a crise.

As crises financeiras muitas vezes atingem mais duramente as populações mais vulneráveis, levando a um aumento dos níveis de pobreza. Aqueles que não têm poupanças ou acesso a programas de assistência social são particularmente afetados. A desigualdade também poderá aumentar à medida que os indivíduos mais ricos, com mais ativos ou fontes de rendimento diversificadas, estiverem melhor posicionados para enfrentar a crise, em comparação com as famílias com rendimentos mais baixos.

Outro efeito é a instabilidade do mercado imobiliário. Os proprietários podem ter dificuldades para cumprir os pagamentos dos financiamentos, levando a um aumento das execuções hipotecárias e dos despejos. Os preços dos imóveis podem cair, reduzindo a riqueza das famílias e tornando os ativos imobiliários negativos, onde o valor de uma casa cai abaixo do saldo pendente do financiamento.

Os bancos e as instituições financeiras, enfrentando os seus próprios desafios de liquidez, poderão tornar os padrões de crédito mais rigorosos. Isto restringe o acesso ao crédito tanto para consumidores quanto para empresas. As pessoas podem ter mais dificuldade em obter empréstimos para habitação, educação ou outras necessidades pessoais, enquanto as empresas podem ter dificuldades em garantir financiamento para operações e crescimento.

O estresse e a incerteza causados pelas crises financeiras podem ter efeitos significativos na saúde física e mental. O aumento da tensão financeira pode levar a níveis mais elevados de ansiedade, depressão e outras condições relacionadas ao estresse. O acesso aos cuidados de saúde também pode tornar-se mais difícil se as pessoas perderem o convênio médico patrocinado pelo empregador devido à perda de empregos.

As dificuldades econômicas e o aumento da desigualdade podem levar à agitação social. As pessoas podem ficar mais frustradas com o governo e as instituições financeiras, levando a protestos e outras formas de descontentamento social. Em casos extremos, dificuldades econômicas prolongadas podem levar à instabilidade política.

As crises financeiras também podem afetar as oportunidades em educação, uma vez que as famílias podem ter dificuldades em pagar estudos e outras despesas em educação. Os estudantes podem abandonar a escola para sustentar as suas famílias, afetando as suas perspectivas de carreira a longo prazo e perpetuando ciclos de pobreza e dificuldades econômicas.

Os governos respondem frequentemente às crises financeiras com medidas de austeridade ou pacotes de estímulo fiscal. As medidas de austeridade podem levar a cortes nos serviços públicos, afetando os cuidados de saúde, a educação e os programas de assistência social. Por outro lado, os pacotes de estímulo podem ter como objetivo mitigar os impactos da crise, mas também podem levar ao aumento da dívida pública.

Os efeitos imediatos de uma crise financeira sobre a população são multifacetados, afetando o emprego, a renda, o comportamento do consumidor, a estabilidade imobiliária, a saúde física e mental, o acesso ao crédito e a estabilidade social geral. A gravidade e a duração destes impactos dependem da profundidade da crise e da eficácia das respostas governamentais e institucionais.

Exemplos históricos e seus impactos

A Grande Depressão (1929-1939)

A Grande Depressão é uma das crises financeiras mais graves da história. Tudo começou com a queda do mercado de ações em 1929 e levou a uma recessão econômica que durou uma década. As taxas de desemprego dispararam, bancos faliram e milhões de pessoas perderam as suas poupanças. A economia global foi profundamente afetada e muitos países demoraram anos para se recuperarem.

Ela estendeu de 1929 à 1939 e foi uma das crises econômicas mais graves da história moderna, concentrada principalmente nos Estados Unidos, mas com repercussões globais.

As causas da crise podem ser definidas como:

- **Queda do mercado de ações.** A crise começou com o colapso de Wall Street em outubro de 1929, quando os preços das ações caíram drasticamente, levando à perda de confiança dos investidores e ao pânico generalizado nas vendas.

- **Falências bancárias.** A quebra levou a inúmeras falências bancárias, à medida em que os correntistas em pânico correram para retirar as suas poupanças, causando uma crise de liquidez e exacerbando ainda mais a instabilidade econômica.

- **Fatores econômicos globais.** O comércio e as finanças internacionais foram perturbados por políticas protecionistas, tarifas e um declínio na atividade econômica global, contribuindo para a propagação da crise para além das fronteiras dos EUA.

Dentre os impactos, podemos destacar os seguintes:

- **Desemprego e pobreza.** A Grande Depressão resultou no aumento das taxas de desemprego, com milhares de pessoas que perderem os seus empregos. Os níveis de pobreza aumentaram acentuadamente à medida que as famílias lutavam para sobreviver.

- **Colapsos empresariais.** Muitas empresas entraram em colapso devido à redução dos gastos dos consumidores, à diminuição da procura de bens e serviços e à escassez de crédito, agravando ainda mais as dificuldades econômicas.

- **Crise bancária.** Uma onda de falências bancárias eliminou as poupanças de inúmeros indivíduos e empresas, levando a uma perda de confiança no sistema bancário.

- **Impacto social.** A depressão teve consequências sociais profundas, incluindo falta de moradia, fome e agitação social. Pressionou as famílias e as comunidades, levando ao aumento das taxas de problemas de saúde mental e à instabilidade social.

Os governos implementaram várias políticas para mitigar a crise, incluindo programas de obras públicas, auxílio-desemprego e reformas do setor financeiro. As iniciativas do "Novo Plano" nos Estados Unidos sob o presidente Franklin D. Roosevelt visavam proporcionar alívio, recuperação e reformas para reanimar a economia.

Os efeitos a longo prazo foram:

- **Reformas regulatórias.** A Grande Depressão provocou reformas regulamentares significativas, incluindo o estabelecimento de seguros de depósitos (FDIC), regulação de valores mobiliários (SEC) e programas de bem-estar social para prevenir futuras catástrofes econômicas.

- **Mudança no pensamento econômico.** A crise levou a uma reavaliação das teorias e políticas econômicas, com maior ênfase na gestão macroeconômica, no estímulo fiscal durante as crises e no papel do governo na garantia da estabilidade econômica.

- **Impacto global.** A Grande Depressão teve efeitos duradouros na economia global, influenciando os padrões do comércio internacional, as políticas econômicas e as relações geopolíticas nas próximas décadas.

A Grande Depressão foi uma crise financeira monumental que remodelou o pensamento econômico, os quadros políticos e as estruturas sociais em todo o mundo. O seu legado duradouro serve como um lembrete claro das consequências devastadoras da especulação financeira desenfreada, da regulamentação inadequada e da importância da intervenção governamental proativa em tempos de crise econômica.

Segunda-feira Negra (1987)

A Segunda-feira Negra refere-se a 19 de outubro de 1987, quando os mercados financeiros globais sofreram uma grave queda, afetando principalmente os mercados de ações nos Estados Unidos. Este evento é considerado uma das quedas de mercado diária mais significativas da história. O mercado de ações entrou em colapso, provocando instabilidade financeira global e pânico dos investidores.

As causas associadas a esta crise estão descritas abaixo:

- **Supervalorização e especulação.** Os preços das ações tinham subido acentuadamente nos anos anteriores, alimentados por negociações especulativas e valorizações elevadas, especialmente nos setores tecnológico e financeiro.

- **Negociação por programa.** Os programas de negociação automatizados, conhecidos como negociação de programas ou seguros de carteira, exacerbaram a volatilidade do mercado ao desencadearem grandes vendas quando as condições predefinidas foram atingidas, amplificando a espiral descendente.

- **Fatores econômicos globais.** As preocupações com a estabilidade econômica mundial, incluindo os desequilíbrios comerciais e as tensões geopolíticas, contribuíram para o desconforto dos investidores.

Como consequência, o mercado de ações despencou. O índice Dow Jones Industrial Average (DJIA) caiu 22,6% em um único dia. Os mercados de ações de todo o mundo, incluindo os da Europa e da Ásia, também registaram quedas significativas, refletindo a interligação dos mercados financeiros globais.

A descida rápida e acentuada dos preços das ações levou ao pânico generalizado entre os investidores, provocando uma perda de confiança nos mercados financeiros. Além disso, as instituições financeiras e as empresas de corretagem enfrentaram graves problemas de liquidez e potencial insolvência devido ao colapso do mercado. Os bancos centrais, incluindo a Reserva Federal nos Estados Unidos, intervieram para fornecer liquidez e estabilizar os mercados financeiros. Estas ações ajudaram a evitar uma recessão econômica mais profunda e prolongada.

Os efeitos a longo prazo desta crise foram:

- **Reformas de mercado.** A Segunda-feira Negra levou à reformas nos mercados financeiros, incluindo a implementação de dispositivos para interromper as negociações durante volatilidade extrema e uma regulamentação mais rigorosa das negociações por programas automatizados.

- **Lições aprendidas.** Salientou os riscos de bolhas especulativas e a importância das medidas de estabilidade do mercado, influenciando as práticas de gestão de risco nas instituições financeiras e as estratégias de investimento.

A Segunda-feira Negra serve como um lembrete crítico da volatilidade inerente aos mercados financeiros e do potencial para desacelerações rápidas e severas, estimulando esforços contínuos para aumentar a resiliência e a estabilidade do mercado.

A Crise Financeira Asiática (1997)

A crise financeira asiática começou na Tailândia e rapidamente se espalhou pelos países vizinhos. Foi causada por uma combinação de empréstimos excessivos, investimentos de risco e falta de confiança nos sistemas financeiros. As moedas desvalorizaram-se, os mercados de ações entraram em colapso e as economias sofreram recessões profundas. A crise teve efeitos duradouros nas políticas econômicas e nas estratégias de desenvolvimento dos países afetados.

A crise começou com **a desvalorização da moeda** na Tailândia (Baht) em Julho de 1997, desencadeada por ataques especulativos e taxas de câmbio fixas insustentáveis. As instituições financeiras e as empresas em muitos países asiáticos contraíram grandes empréstimos em moedas estrangeiras, muitas vezes para financiar ambiciosos projetos de infraestruturas e empreendimentos imobiliários. Quando as moedas locais se depreciaram, estas dívidas tornaram-se cada vez mais difíceis de pagar. As deficiências na governança financeira empresarial, combinadas com fatores externos, como o aumento das taxas de juro nos Estados Unidos e a diminuição da procura de exportações, exacerbaram as vulnerabilidades econômicas.

Um resumo dos impactos da crise está listado abaixo:

- **Contração econômica.** A crise levou à graves contrações econômicas nos países afetados, com quedas acentuadas nas taxas de crescimento do PIB e condições recessivas generalizadas.

- **Turbulência cambial e no mercado de ações.** Os valores das moedas despencaram, os mercados de ações entraram em colapso e os investidores estrangeiros retiraram capital da região, aumentando a instabilidade financeira.

- **Dificuldades no setor bancário.** Muitas instituições financeiras enfrentaram insolvência devido a empréstimos inadimplentes e à fuga de capitais, necessitando de intervenções governamentais e esforços de reestruturação.

- **Agitação social e política.** A recessão econômica alimentou a agitação social e a instabilidade política em alguns países, levando a protestos e transições políticas.

Políticas governamentais foram postas em prática como resposta à crise, tais como:

- **Resgates do FMI e ajustes estruturais**. O Fundo Monetário Internacional (FMI) forneceu pacotes de assistência financeira aos países afetados em troca da implementação de reformas estruturais. Estas reformas incluíram medidas de austeridade fiscal, reformas do setor financeiro e reestruturação das dívidas das empresas.

- **Intervenções cambiais**. Os bancos centrais intervieram nos mercados cambiais para estabilizar as taxas de câmbio e restaurar a confiança dos investidores.

- **Esforços de reforma e recuperação**. Os governos implementaram medidas para reforçar a regulamentação financeira, melhorar a transparência e diversificar as suas economias para reduzir a dependência de fluxos voláteis de capital.

A crise levou à **reformas** destinadas a melhorar a estabilidade financeira, incluindo **o reforço da regulamentação bancária**, a melhoria dos padrões de governança corporativa e o desenvolvimento de mecanismos regionais de cooperação financeira.

Os países afetados pela crise **diversificaram as suas economias,** afastando-se da dependência excessiva das exportações e dos fluxos de capital estrangeiro, concentrando-se na promoção do consumo interno e do investimento.

Os esforços no sentido **da integração e cooperação econômicas regionais**, como a Comunidade Econômica ASEAN (AEC), foram acelerados para aumentar a resiliência e a estabilidade econômica.

A crise financeira asiática salientou os riscos da liberalização financeira sem medidas de segurança adequadas, destacando a importância de uma gestão macroeconômica prudente, de uma regulamentação financeira sólida e da coordenação política na prevenção de crises futuras.

O estouro da bolha das "Ponto com" (2000)

O estouro da bolha das "Ponto com" ou Bolha da Internet, que ocorreu de 2000 à 2002, refere-se ao declínio acentuado nos preços das ações de muitas empresas baseadas na Internet nos Estados Unidos e no mundo. Foi um evento financeiro significativo caracterizado pela rápida ascensão e subsequente colapso das ações relacionadas com a Internet. Destacou os riscos do investimento especulativo e indicou a importância de princípios de investimento sólidos e da disciplina de mercado para sustentar o crescimento econômico e a estabilidade a longo prazo.

As causas mais apontadas são:

- **Investimento especulativo.** Durante o final da década de 1990, houve um frenesim de investimentos especulativos em empresas baseadas na Internet, alimentado pelo rápido crescimento da Internet e pelas expectativas de avanços tecnológicos revolucionários.

- **Supervalorização.** Muitas empresas "ponto com" foram avaliadas com base nos lucros potenciais e não nos lucros reais ou em modelos de negócios sustentáveis. Os investidores investiram dinheiro nestas empresas, elevando os preços das ações para níveis insustentáveis.

- **Alto apetite pelo risco.** O sentimento predominante entre os investidores foi de optimismo e vontade de ignorar as métricas de avaliação tradicionais em favor do potencial de crescimento.

A partir do início de 2000, os preços das ações de muitas empresas "ponto com" começaram a cair acentuadamente à medida em que os investidores reavaliavam a viabilidade e a rentabilidade destas empresas. Numerosas empresas "ponto com" faliram ou foram forçadas a fundir-se à medida em que o financiamento se esgotava e o sentimento dos investidores se tornava negativo. Isto levou à perdas significativas de empregos e a uma contração no setor tecnológico.

O estouro da bolha "ponto com" causou uma recessão significativa no setor da tecnologia, afetando não só as empresas de Internet, mas também as telecomunicações e indústrias relacionadas.

Muitos investidores sofreram **perdas substanciais** à medida em que os preços das ações despencaram, desgastando a riqueza do mercado e as poupanças para a reforma.

O declínio no setor tecnológico contribuiu para um **abrandamento econômico** nos Estados Unidos e em outros países, enquanto os investimentos relacionados com a tecnologia e os gastos dos consumidores se contraíam.

O estouro da bolha levou a uma reavaliação das estratégias de investimento, com um enfoque renovado na rentabilidade e em modelos de negócio sustentáveis, em vez de no crescimento especulativo.

Em resposta, os governos e os bancos centrais implementaram políticas monetárias e fiscais para estimular o crescimento econômico e estabilizar os mercados financeiros durante a recessão.

A bolha "ponto com" e as suas consequências levaram a uma mudança no comportamento dos investidores, com um maior escrutínio dos investimentos em tecnologia e um foco em métricas financeiras fundamentais.

Apesar da crise, os setores da Internet e da tecnologia continuaram a inovar e a evoluir, lançando as bases para avanços futuros no comércio eletrônico, nas redes sociais e nos serviços digitais.

A Comissão de Valores Mobiliários (SEC) e outros organismos reguladores implementaram reformas para melhorar a transparência, a governança corporativa e a proteção dos investidores em resposta aos excessos da era "ponto com".

A crise financeira global de 2008

Outro exemplo significativo é a crise financeira global de 2008, desencadeada pelo colapso da bolha imobiliária nos Estados Unidos. As instituições financeiras investiram pesadamente em empréstimos "subprime" (de baixa qualidade), que entraram em inadimplência quando o mercado imobiliário entrou em colapso. Isto levou à falência dos principais bancos e instituições financeiras, provocando resgates governamentais e uma grave recessão global. As taxas de desemprego dispararam, os mercados imobiliários despencaram e muitas pessoas enfrentaram execuções hipotecárias e ruína financeira.

Os eventos que desencadearam esta crise foram:

- **Colapso do mercado imobiliário.** A crise começou com o estouro da bolha imobiliária nos EUA, alimentada pelo excessivo crédito imobiliário de baixa qualidade e pela garantia destes empréstimos arriscados.

- **Inovação e complexidade financeira.** Instituições financeiras envolvidas na criação e negociação de derivativos financeiros complexos vinculados a títulos garantidos por hipotecas (MBS), que distribuem o risco por todo o sistema financeiro global.

- **Crise de crédito.** À medida que os preços dos imóveis diminuíam e as inadimplências aumentavam, as instituições financeiras enfrentaram perdas substanciais e problemas de liquidez, conduzindo a uma crise de crédito e ao congelamento dos empréstimos interbancários.

- **Contágio mundial.** A interligação dos mercados financeiros globais fez com que a crise se propagasse rapidamente a outros países e regiões, causando turbulência econômica generalizada.

As principais instituições financeiras, incluindo o Lehman Brothers, o Bear Stearns e a AIG, **faliram** ou exigiram **resgates governamentais** para evitar o colapso financeiro sistêmico.

Os mercados de ações em todo o mundo registaram quedas acentuadas, corroendo o capital dos investidores e as poupanças de aposentadoria. A crise propiciou uma grave recessão econômica mundial, caracterizada pela contração do PIB, pelo aumento do desemprego e pela redução da confiança dos consumidores e das empresas.

Muitos proprietários enfrentaram a execução imobiliária à medida em que os preços dos imóveis despencaram, agravando as dificuldades econômicas para indivíduos e famílias.

Os governos e os bancos centrais implementaram medidas monetárias e fiscais sem precedentes para estabilizar os mercados financeiros, fornecer liquidez aos bancos e estimular o crescimento econômico. Estas incluíram cortes nas taxas de juro, resgates bancários e pacotes de estímulo.

A crise levou **a reformas regulamentares significativas** destinadas a melhorar a estabilidade financeira, incluindo a Lei Dodd-Frank de Reforma da Wall Street e da Lei de Proteção do Consumidor nos Estados Unidos e os regulamentos da Basileia III à nível internacional. Também acelerou mudanças no **poder econômico global e na dinâmica comercial**, com os mercados emergentes ganhando importância relativa. Além disso, a crise corroeu a confiança do público nas instituições financeiras e nos reguladores, levando a apelos por maior transparência, responsabilização e práticas éticas nas finanças.

Apesar dos esforços de recuperação, os efeitos da crise financeira global de 2008 continuam a repercutir, influenciando as políticas econômicas, as práticas do setor financeiro e as medidas de resiliência econômica global.

A Crise Financeira Global de 2008 foi um acontecimento crucial que remodelou o cenário financeiro global, destacando as vulnerabilidades nos mercados financeiros e impulsionando reformas para mitigar crises futuras, mostrando ao mesmo tempo a importância da gestão prudente do risco e da supervisão regulamentar.

A importância da preparação

Compreender as crises financeiras e os seus impactos é relevante por vários motivos:

- **Segurança financeira pessoal.** Saber como ocorrem as crises financeiras pode ajudá-lo à **tomar ações proativas** para proteger suas finanças. Isto inclui construir um fundo de emergência, diversificar os seus investimentos e gerenciar os gastos com sabedoria.

- **Estabilidade econômica.** Em um sentido mais amplo, a compreensão das crises financeiras pode contribuir para a estabilidade econômica. Os políticos e as instituições financeiras podem desenvolver melhores regulamentações e estratégias para prevenir ou mitigar os efeitos de crises futuras.

- **Tomada de decisão informada.** O conhecimento das crises financeiras permite-lhe tomar decisões informadas sobre o seu futuro financeiro. Quer se trate de investir, poupar ou planejar a aposentadoria, estar ciente dos riscos potenciais ajuda-o a preparar-se de forma mais eficaz.

- **Preparação psicológica.** As crises financeiras podem ser estressantes e avassaladoras. Estar preparado mental e emocionalmente pode ajudá-lo a enfrentar os desafios com maior resiliência e confiança.

As crises financeiras são acontecimentos complexos com impactos de longo alcance. Ao compreender suas causas e efeitos, você pode se preparar melhor e também suas finanças para possíveis crises. Exemplos históricos como a Grande Depressão e a Crise Financeira Global de 2008 destacam a importância de sermos vigilantes e proativos. A preparação não só ajuda a proteger o seu bem-estar financeiro, mas também contribui para uma estabilidade econômica mais ampla.

Nos capítulos seguintes, exploraremos medidas práticas que você pode tomar para proteger as suas finanças e criar resiliência contra futuras crises financeiras.

Capítulo Dois: Avaliando a sua Saúde Financeira Atual

Compreender a sua saúde financeira atual é um passo essencial na preparação para qualquer crise financeira. Isto envolve avaliar suas receitas, despesas e dívidas, compreender seu patrimônio líquido e criar um demonstrativo financeiro pessoal. Ao seguir essas etapas, você poderá obter uma imagem clara de sua situação financeira e tomar decisões informadas para proteger o seu futuro financeiro.

Avaliando suas Receitas, Despesas e Dívidas

Renda: comece avaliando sua renda. Isso inclui todas as fontes de dinheiro que você recebe regularmente, como salário, bônus, trabalho freelance, renda de aluguel e quaisquer outras fontes. Faça uma lista de suas fontes de renda e seus respectivos valores. Saber sua renda total ajuda você a entender com o que você tem que trabalhar a cada mês.
Despesas: Em seguida, avalie suas despesas. Acompanhe todos os seus gastos por pelo menos três meses para ter uma ideia precisa de para onde vai seu dinheiro. Categorize suas despesas em fixas (por exemplo, aluguel ou financiamento, serviços públicos, seguros) e variáveis (por exemplo, mantimentos, entretenimento, jantar fora). Este exercício o ajudará a identificar áreas onde você poderá reduzir, se necessário.
Dívidas: Por fim, liste todas as suas dívidas, incluindo cartões de crédito, empréstimos estudantis, empréstimos para automóveis e

imóveis. Observe o saldo devedor, a taxa de juros e o pagamento mensal de cada dívida. Compreender a carga da sua dívida é importante para criar um plano para gerenciá-la e reduzi-la.

Compreendendo seu patrimônio líquido

Seu patrimônio líquido é um retrato de sua saúde financeira. Ele é calculado subtraindo o total do seu passivo (dívidas) do total do seu ativo (o que você possui). Veja como calculá-lo:

1. **Liste seus ativos**: inclua tudo o que você possui e que tem valor. Isso pode incluir sua casa, carro, contas de poupança, contas de previdência privada, investimentos e bens pessoais (por exemplo, joias, eletrônicos, etc.).

2. **Liste seus passivos**: inclua todas as suas dívidas e obrigações financeiras.

3. **Calcule o patrimônio líquido**: Subtraia o passivo total do ativo total. O resultado é o seu patrimônio líquido.

Um patrimônio líquido positivo significa que você possui mais do que deve, enquanto um patrimônio líquido negativo significa que você deve mais do que possui. Compreender seu patrimônio líquido ajuda você a ter uma visão geral de sua situação financeira e a acompanhar seu progresso ao longo do tempo.

Criando um demonstrativo financeiro pessoal

Um demonstrativo financeiro pessoal é um documento que descreve sua posição financeira em um determinado momento e inclui detalhes sobre suas receitas, despesas, ativos e passivos. Criar um demonstrativo financeiro pessoal pode ajudá-lo a se manter organizado e facilitar o monitoramento de sua saúde financeira. Veja como criar um:

- **Demonstrativo de receitas**: Liste todas as fontes de receita e seus valores. Some-os para obter sua renda mensal.

- **Demonstrativo de despesas**: Liste todas as suas despesas mensais, fixas e variáveis. Some-as para obter suas despesas mensais.

- **Balanço patrimonial**:
  - **Ativos**: Liste todos os seus ativos e seus valores. Some-os para obter seus ativos totais.
  - **Passivos**: Liste todos os seus passivos e seus valores. Some-os para obter seu passivo total.

- **Cálculo do patrimônio líquido**: subtraia o total do seu passivo do total do seu ativo para determinar seu patrimônio líquido.

Para obter mais informações sobre demonstrações financeiras pessoais e modelos, confira este recurso: https://pt.smartsheet.com/free-financial-planning-templates.

A importância de avaliações financeiras regulares

Avaliar regularmente a sua saúde financeira é útil, especialmente na preparação para potenciais crises financeiras. Ao ficar atento às suas receitas, despesas, dívidas e patrimônio líquido, você pode:

- Identificar áreas onde você pode economizar dinheiro
- Desenvolver estratégias para pagar dívidas
- Tomar decisões informadas sobre investimentos e poupanças
- Certificar-se de que você está no caminho certo para atingir suas metas financeiras

Avaliar sua saúde financeira atual é a base para se preparar para qualquer crise financeira. Ao avaliar suas receitas, despesas e dívidas, compreender seu patrimônio líquido e criar um demonstrativo financeiro pessoal, você obtém informações valiosas sobre sua situação financeira. Estas etapas permitem que você tome decisões informadas e tome medidas proativas para proteger seu futuro financeiro.

No próximo capítulo, exploraremos como construir um fundo de emergência robusto para se proteger contra desafios financeiros inesperados.

Capítulo Três: Diversificando a Sua Fonte de Renda

Em tempos de incerteza financeira, ter múltiplas fontes de renda pode proporcionar uma rede de proteção que o protege de crises econômicas. Diversificar sua renda não significa apenas aumentar seus ganhos; trata-se de criar uma base financeira mais resiliente. Neste capítulo, exploraremos os benefícios de ter múltiplas fontes de renda, ideias para atividades paralelas e renda passiva e a diferença entre diversificação de renda de longo e curto prazo.

Os benefícios de múltiplas fontes de renda

Estabilidade financeira

A estabilidade financeira é uma pedra angular do bem-estar pessoal e da segurança econômica, abrangendo a capacidade de gerenciar recursos de forma eficaz, resistir a choques financeiros e alcançar objetivos financeiros a longo prazo. Em tempos marcados por incertezas econômicas e frequentes flutuações de mercado, a manutenção da estabilidade financeira nunca foi tão crítica.

Na sua essência, estabilidade financeira significa ter uma fonte de renda fiável e um plano bem estruturado para gerir as despesas. Um rendimento estável permite que os indivíduos satisfaçam as suas necessidades diárias, poupem para o futuro e invistam em oportunidades de crescimento. Fornece a base sobre a qual são construídos outros elementos da estabilidade financeira, como um orçamento, a poupança e o investimento. Um orçamento bem estruturado garante que as despesas estejam alinhadas com os rendimentos, evitando a acumulação de dívidas e permitindo poupanças sistemáticas.

Um dos principais benefícios de ter múltiplas fontes de renda é o aumento da estabilidade financeira. Depender de uma única fonte de rendimento pode ser arriscado, especialmente se essa fonte for ameaçada pela perda de emprego, crises na indústria ou outros acontecimentos imprevistos. Múltiplas fontes de renda podem amortecer o golpe se uma fonte acabar, garantindo que você ainda tenha dinheiro entrando.

A renda adicional pode acelerar suas metas de poupança e proporcionar mais oportunidades de investimento. Que você esteja economizando para pagar a entrada de uma casa, construindo um fundo de emergência ou investindo para a aposentadoria, ter uma renda extra pode ajudá-lo a alcançar seus objetivos financeiros com mais rapidez.

Diversificar a sua renda geralmente envolve aprender novas habilidades ou buscar interesses diferentes. Isso não só enriquece sua vida pessoal e profissional, mas também o torna mais adaptável e em melhor posição no mercado de trabalho. Quanto mais habilidades e experiência você tiver, mais oportunidades encontrará.

Atividades paralelas e renda passiva

Atividades Paralelas

As atividades paralelas referem-se à atividades adicionais de geração de renda que os indivíduos realizam juntamente com seu trabalho principal ou principal fonte de renda. Essas atividades são normalmente flexíveis, permitindo que as pessoas ganhem dinheiro extra fora do horário normal de trabalho. As atividades paralelas podem variar desde a trabalho freelance e apresentações online a pequenas empresas ou empreendimentos criativos.

Atividades paralelas são normalmente atividades de meio período que os indivíduos realizam fora de seu emprego principal. Eles oferecem flexibilidade em termos de horário e localização, permitindo que as pessoas trabalhem em torno de seu trabalho

principal ou de outros compromissos. Abrangem também uma vasta gama de oportunidades, desde plataformas online e trabalho freelance até à venda de produtos ou prestação de serviços.
Aqui estão algumas ideias de atividades paralelas:

- **Trabalho freelance**: Ofereça suas habilidades em redação, design gráfico, desenvolvimento web ou consultoria em plataformas como Upwork, Fiverr ou Workana.

- **Serviços de transporte ou entrega**: dirija para empresas como Uber, Lyft, DoorDash ou Postmates em seu tempo livre.

- **Aulas particulares ou tutoria**: forneça serviços de tutoria ou dê aulas online por meio de sites como VIPKid ou Teachable.

- **Artesanato**: venda artesanato ou itens antigos no Etsy ou Mercado Livre.

- **Cuidar de animais de estimação ou passear com cães**: ofereça serviços de cuidados com animais de estimação por meio de aplicativos como o Rover.

Renda passiva

A renda passiva refere-se a rendimentos derivados de fontes que exigem esforço mínimo ou envolvimento ativo, uma vez estabelecidas. Ao contrário do rendimento ativo, que é obtido através da participação direta numa atividade comercial ou empresarial, o rendimento passivo normalmente continua a gerar receitas com pouco esforço contínuo.

A criação de fontes de rendimentos passivos requer frequentemente um esforço inicial, investimento ou desenvolvimento de competências. Dependendo da fonte, o rendimento passivo pode envolver riscos financeiros, flutuações de mercado ou considerações regulamentares. Os rendimentos gerados passivamente podem estar sujeitos a tratamentos fiscais diferentes em comparação com os rendimentos ativos, por isso é bom compreender as implicações fiscais.

Os principais pontos da renda passiva são:

Envolvimento ativo limitado: As fontes de renda passivas exigem frequentemente esforço ou investimento inicial, mas podem gerar retornos com uma participação contínua mínima.

Escalabilidade: Muitas fontes de renda passiva podem ser ampliadas para aumentar os ganhos sem aumentar proporcionalmente o esforço.

Fontes diversas: A renda passiva pode vir de diversas fontes, como investimentos, imóveis de aluguel, royalties e certos tipos de negócios ou parcerias.

Exemplos:

- **Investimento imobiliário.** Compre imóveis para alugar ou invista em plataformas de levantamento de fundos imobiliários como o Fundrise.

- **Ações com dividendos.** Invista em ações que pagam dividendos ou em fundos negociados em bolsa (ETFs) para obter rendimentos regulares com dividendos.

- **Empréstimos.** Empreste dinheiro por meio de plataformas de empréstimos privados, como o LendingClub, ganhando juros sobre seus empréstimos.

- **Crie produtos digitais.** Desenvolva e-books, cursos online ou banco de imagens que possam ser vendidos repetidamente em plataformas como Amazon ou Udemy.

- **Royalties.** Pagamentos recebidos pelo uso de propriedade intelectual, como direitos autorais de livros, músicas ou patentes.

- **Retorno do investimento.** Lucros gerados a partir de investimentos em ações, fundos mútuos, fundos negociados em bolsa (ETFs) ou fundos de investimento imobiliário (REITs).

- **Marketing afiliado.** Promova produtos ou serviços em seu blog ou mídia social e ganhe comissões pelas vendas através de seus links de afiliados.

Diversificação de renda de longo prazo versus curto prazo

Diversificação de renda a curto prazo

A diversificação de renda a curto prazo centra-se na geração de rendimentos adicionais imediatos. As atividades paralelas são um excelente exemplo disso, pois podem complementar rapidamente sua renda primária. Embora nem sempre sejam sustentáveis a longo prazo, podem fornecer um apoio essencial durante crises financeiras ou quando se necessita de dinheiro extra.

Os benefícios da diversificação de renda a curto prazo incluem:

- Alívio financeiro imediato
- Flexibilidade para se adaptar às novas necessidades
- Oportunidade de explorar diferentes atividades geradoras de renda

Diversificação de rendimentos a longo prazo

A diversificação de rendimentos a longo prazo envolve a criação de fontes de renda que possam proporcionar segurança financeira ao longo dos anos. Isto inclui investimentos, imóveis e fontes de renda passiva que crescem com o tempo. Embora exijam mais planeamento e esforço inicial, oferecem benefícios significativos em termos de estabilidade e crescimento.

Os benefícios da diversificação de rendimentos a longo prazo incluem:

- Fontes de renda sustentáveis e confiáveis
- Potencial para acumulação significativa de riqueza
- Redução da dependência de uma única fonte de renda

Diversificar as suas fontes de renda é uma estratégia poderosa para construir resiliência e estabilidade financeira. Seja por meio de atividades paralelas de curto prazo ou de investimentos de longo prazo e renda passiva, ter múltiplas fontes de renda pode protegê-lo de crises econômicas e ajudá-lo a atingir seus objetivos financeiros. Ao explorar diferentes oportunidades e descobrir o que funciona melhor para você, você pode criar uma base financeira robusta que resista ao teste do tempo.

No próximo capítulo, nos aprofundaremos no investimento inteligente em tempos de incerteza, fornecendo estratégias para ajudá-lo a navegar em mercados voláteis e garantir seu futuro financeiro.

Capítulo Quatro: Investimento Inteligente em Tempos Incertos

Investir em tempos de incerteza pode parecer assustador, mas com as estratégias certas, você pode navegar em mercados voláteis e proteger seu futuro financeiro. Neste capítulo, exploraremos estratégias de investimento eficazes para mercados voláteis, a importância de diversificar a sua carteira de investimentos e o papel dos ativos de refúgio seguro.

Estratégias de Investimento para Mercados Voláteis

Fique Calmo e Evite Vendas em Pânico

A volatilidade do mercado pode desencadear respostas emocionais, levando ao pânico nas vendas, onde os investidores liquidam precipitadamente as suas participações com prejuízo, colocando em risco os seus objetivos financeiros a longo prazo. No entanto, reagir impulsivamente às oscilações do mercado pode resultar em perdas significativas. Em vez disso, concentre-se nos seus objetivos de investimento a longo prazo e evite tomar decisões com base nas flutuações do mercado a curto prazo.

Uma das maneiras mais eficazes de evitar vendas em pânico é manter uma perspectiva de longo prazo. É essencial lembrar que os mercados se recuperaram historicamente de recessões e que a volatilidade a curto prazo é muitas vezes apenas um ponto no radar no grande esquema de uma estratégia de investimento a longo prazo.

Ao concentrarem-se nos objetivos de longo prazo e no potencial de crescimento global dos investimentos, os investidores podem resistir ao impulso de vender em pânico quando os mercados caírem.

O controle emocional é talvez o aspecto mais desafiador, porém vital, para evitar vendas em pânico. Os mercados são influenciados por uma infinidade de fatores, muitos dos quais estão além do controle do investidor individual. Aceitar isto e concentrar-se no que pode ser controlado — como a alocação de ativos, a tolerância ao risco e a estratégia de investimento — pode reduzir a ansiedade.

Preço Médio

O Preço Médio é uma estratégia de investimento em que você investe consistentemente uma quantia fixa de dinheiro em intervalos regulares, independentemente das condições de mercado. Esta abordagem reduz o impacto da volatilidade do mercado, distribuindo os seus investimentos ao longo do tempo, reduzindo potencialmente o custo médio dos seus investimentos.

Os investidores comprometem-se a investir uma quantia fixa de dinheiro em intervalos programados, como semanalmente, mensalmente ou trimestralmente. A cada intervalo de investimento, o investidor compra mais ações quando os preços estão mais baixos e menos ações quando os preços estão mais altos. Isso resulta em um preço médio de compra ao longo do tempo. Muitos investidores automatizam o custo médio por meio de planos de investimento automáticos oferecidos por corretoras ou empresas de fundos mútuos.

Princípios importantes:

Mitigação dos riscos de timing de mercado. Em vez de tentar cronometrar o mercado para comprar ao preço mais baixo, o Preço Médio distribui as compras ao longo do tempo, reduzindo o impacto das flutuações do mercado a curto prazo.

Investimento disciplinado. A estratégia incentiva o investimento disciplinado, comprometendo-se com um cronograma regular de investimento, independentemente das condições do mercado ou das reações emocionais à volatilidade do mercado.

Benefícios potenciais. A longo prazo, o Preço Médio pode resultar em um custo médio por ação mais baixo em comparação com o investimento de um montante fixo em um único momento, especialmente em mercados voláteis.

Exemplo:

Suponhamos que um investidor decida investir R$ 500,00 por mês em uma determinada ação ou fundo mútuo por meio de uma estratégia de cálculo do Preço Médio. No primeiro mês, o preço da ação é de R$ 50,00 por ação, então o investidor compra 10 ações. No mês 2, o preço cai para R$ 40,00 por ação, permitindo ao investidor comprar 12,5 ações. No terceiro mês, o preço sobe para R$ 60,00 por ação, resultando na compra de 8,3 ações.

Ao longo do tempo, o investidor acumula ações a preços variados, levando a um custo médio por ação que reflete uma combinação de preços de compra mais elevados e mais baixos.

Foco em Investimentos de Qualidade

Durante tempos voláteis, é importante concentrar-se em investimentos de alta qualidade com fundamentos sólidos. Embora as tendências do mercado e as manchetes muitas vezes influenciem o sentimento dos investidores, concentrar-se nos pontos fortes fundamentais de um investimento pode fornecer um caminho mais confiável para o sucesso a longo prazo.

Em primeiro lugar, é necessário compreender o modelo de negócios da empresa em que você está investindo. Um modelo de negócios forte é aquele que é sustentável, escalável e tem vantagem competitiva no mercado. Procure empresas com uma proposta de valor clara, uma base sólida de clientes e um plano estratégico de crescimento. As empresas que operam em indústrias com grandes barreiras à entrada ou que possuem tecnologias ou produtos exclusivos têm frequentemente uma vantagem significativa sobre os seus concorrentes.

A seguir, examine a saúde financeira da empresa analisando suas demonstrações financeiras. Os documentos principais incluem a demonstração de resultados, o balanço patrimonial e a demonstração de fluxo de caixa. A demonstração do resultado revela a rentabilidade da empresa detalhando receitas, despesas e lucro líquido. Uma empresa consistentemente lucrativa, com receitas crescentes e despesas controladas, costuma ser um bom sinal. O balanço fornece um sumário dos ativos, passivos e patrimônio líquido da empresa. Um balanço forte com uma relação saudável entre ativos e passivos indica estabilidade financeira.

Por fim, a demonstração do fluxo de caixa mostra quão bem a empresa gera caixa para financiar operações, pagar dívidas e investir no crescimento. O fluxo de caixa positivo e crescente das operações é um forte indicador de saúde financeira.

Avaliar os lucros da empresa é outra etapa crítica. Observe o lucro por ação (LPA), que mede a lucratividade da empresa por ação. O lucro por ação consistentemente crescente indica que a empresa está gerenciando efetivamente seus recursos e expandindo sua lucratividade. Além disso, considere o índice preço/lucro (P/L), que compara o preço atual das ações com o lucro por ação. Uma razão P/L mais baixa em comparação com os pares da indústria pode indicar que a ação está subvalorizada, embora seja importante considerar o contexto e as perspectivas de crescimento.

Outro fator chave são os níveis de endividamento da empresa. Os investimentos de alta qualidade normalmente apresentam níveis de dívida administráveis. A razão dívida/capital próprio (D/C), que compara o passivo total de uma empresa com o seu capital próprio, pode fornecer informações sobre a alavancagem da empresa. Uma razão D/C mais baixa sugere que a empresa não depende excessivamente da dívida para financiar as suas operações, reduzindo o risco de dificuldades financeiras durante crises econômicas.

Procure empresas com balanços sólidos, lucros consistentes e um histórico de resistência à crises econômicas. Os investimentos de qualidade têm maior probabilidade de se recuperarem das crises do mercado e proporcionar crescimento a longo prazo.

Mantenha uma Perspectiva de Longo Prazo

Investir é um empreendimento de longo prazo. Além disso, a volatilidade do mercado é uma parte normal do percurso de investimento. Historicamente, os mercados se recuperaram das recessões e continuaram a crescer. Ao manter uma perspectiva de longo prazo, você pode enfrentar a volatilidade de curto prazo e se beneficiar da tendência geral ascendente do mercado.

Diversificando sua Carteira de Investimentos

A Importância da Diversificação

Quando os mercados se tornam voláteis e as condições econômicas pioram, uma carteira bem diversificada pode proporcionar uma proteção contra perdas graves, ajudando os investidores a navegar em tempos turbulentos com maior confiança e estabilidade. A importância da diversificação torna-se particularmente evidente face a uma crise financeira, onde a interligação dos mercados globais pode amplificar o impacto das crises econômicas.

A diversificação envolve distribuir os seus investimentos em várias classes de ativos, setores e regiões geográficas para reduzir o risco. Esta estratégia reduz o risco associado a qualquer investimento único, garantindo que o desempenho global da carteira não dependa excessivamente de um ativo ou mercado específico. Ao deter uma combinação de ativos como ações, títulos do tesouro nacional, imóveis e *commodities*, os investidores podem minimizar o impacto do fraco desempenho em qualquer investimento único, aumentando assim a resiliência da carteira.

Um dos principais benefícios da diversificação é a redução do risco não sistemático, que é o risco associado aos investimentos individuais. Por exemplo, um evento específico de uma empresa, como um escândalo ou um fracasso de produto, pode afetar significativamente o preço das ações dessa empresa. No entanto, se um investidor detém uma carteira diversificada de ações em diferentes setores, o impacto negativo do fraco desempenho de uma empresa pode ser compensado pelo desempenho positivo de outros investimentos. Este equilíbrio ajuda a estabilizar os retornos globais da carteira.

Durante uma crise financeira, determinadas classes de ativos e setores podem ser afetados de forma mais adversa do que outros. Por exemplo, na crise financeira global de 2008, o setor financeiro foi particularmente atingido devido ao colapso dos principais bancos e instituições financeiras. Os investidores que tinham uma parte significativa das suas carteiras em ações financeiras sofreram perdas substanciais. Contudo, aqueles com carteiras diversificadas que incluíam ativos menos ligados com o setor financeiro, tais como título do tesouro nacional ou metais preciosos, estavam mais bem protegidos contra a recessão.

A diversificação também ajuda a manter a liquidez durante crises financeiras. Alguns ativos podem ser rápida e facilmente convertidos em dinheiro sem afetar significativamente o seu valor, enquanto outros podem ser menos líquidos. Ter uma combinação de ativos líquidos e ilíquidos garante que os investidores tenham acesso a fundos quando necessário, sem serem forçados a vender investimentos com prejuízo durante as crises do mercado.

Embora a diversificação não seja uma garantia contra perdas, é uma estratégia comprovada para gerenciar riscos e aumentar o potencial de retornos a longo prazo. Requer um planeamento cuidadoso e uma revisão regular para garantir que a carteira permaneça alinhada com os objetivos do investidor e a tolerância ao risco. Em tempos de crise financeira, a diversificação proporciona o duplo benefício da redução do risco e da potencial preservação do capital, permitindo aos investidores enfrentar a tempestade de forma mais eficaz.

Alocação de Ativos

A alocação de ativos é o processo de divisão de sua carteira de investimentos entre diferentes categorias de ativos, como ações, tesouro nacional e dinheiro. A alocação correta de ativos depende da sua tolerância ao risco, horizonte de tempo e objetivos financeiros.

- **Ações**: oferecem potencial de crescimento, mas apresentam maior volatilidade.
- **Títulos do Tesouro Nacional**: oferecem estabilidade e renda regular, mas normalmente apresentam retornos inferiores aos das ações.
- **Dinheiro**: Fornece liquidez e segurança, mas oferece retornos mínimos.

Uma carteira equilibrada pode incluir uma combinação destas classes de ativos para alcançar crescimento e estabilidade.

Diversificação Setorial e Geográfica

Além de diversificar por classe de ativos, considere distribuir os seus investimentos por diferentes setores (por exemplo, tecnologia, saúde, finanças) e regiões geográficas (por exemplo, mercados nacionais, internacionais e emergentes). Esta abordagem pode reduzir ainda mais o risco, garantindo que os seus investimentos não sejam excessivamente concentrados em uma única área.

As condições econômicas e o desempenho do mercado podem variar significativamente entre diferentes países e regiões. Ao investir em uma série de mercados internacionais, os investidores podem reduzir o risco associado às crises econômicas em qualquer país. Por exemplo, enquanto a economia de um país pode estar em recessão, a de outro pode estar registrando crescimento. A diversificação geográfica permite que os investidores capitalizem as oportunidades globais e reduzam o impacto das questões econômicas regionais.

Ativos de Refúgio Seguro e seu Papel

O Que São Ativos de Refúgio Seguro?

Durante as crises financeiras, os ativos considerados "portos seguros", como o ouro, valorizam frequentemente à medida que os investidores procuram refúgio da turbulência nos mercados acionistas. Ao distribuir os investimentos em diferentes classes de ativos, os investidores podem alcançar um desempenho de carteira mais estável e previsível.

Estes ativos de refúgio seguro são investimentos para os quais os investidores migram em tempos de incerteza econômica. Estes ativos são considerados relativamente estáveis e tendem a reter ou aumentar de valor enquanto outros investimentos, tais como ações ou ativos de maior risco, sofrem quedas significativas. Os ativos de refúgio seguro são procurados pela sua fiabilidade e capacidade de preservar capital em condições de mercado turbulentas.

Embora os ativos de refúgio proporcionem estabilidade, podem não oferecer retornos elevados em comparação com investimentos mais arriscados durante períodos de expansão econômica.

O momento da entrada e saída de ativos de refúgio exige a

consideração dos ciclos de mercado e dos indicadores econômicos.
As principais características dos ativos portos seguros são:

- **Baixa volatilidade.** Os ativos de refúgio normalmente apresentam menor volatilidade de preços em comparação com ativos de maior risco, como ações ou *commodities*.

- **Liquidez.** Eles são prontamente conversíveis em dinheiro sem descontos significativos nos preços, garantindo que os investidores possam acessar os fundos rapidamente, se necessário.

- **Estabilidade associada.** Os ativos de refúgio são considerados retentores ou incrementadores de valor durante crises econômicas ou períodos de tensão no mercado.

Ativos comuns de refúgio seguro incluem:

- **Ouro.** O ouro é historicamente um dos ativos de refúgio mais populares. É visto como uma reserva de valor e uma proteção contra a inflação e as flutuações cambiais. Em tempos de incerteza econômica, a procura de ouro tende a aumentar, fazendo subir o seu preço.

- **Dinheiro e equivalentes de dinheiro.** O dinheiro em moedas **estáveis** é considerado um ativo seguro. Os investidores podem reter dinheiro para manter a liquidez e preservar o capital durante períodos de volatilidade do mercado.

- **Títulos de alta qualidade.** Títulos emitidos por governos estáveis ou títulos corporativos de alta qualidade com fortes classificações de crédito também são considerados ativos de refúgio. Esses títulos proporcionam pagamentos regulares de juros e têm menor probabilidade de inadimplência em comparação com títulos com classificação mais baixa.

- **Ações defensivas.** Algumas ações em setores menos sensíveis aos ciclos econômicos, como os serviços públicos, os bens de consumo básico e os cuidados de saúde, podem ser consideradas investimentos de refúgio seguro. Essas ações tendem a ter lucros e dividendos estáveis, o que as tornam atraentes durante as crises do mercado.

- **Metais preciosos**: além do ouro, outros metais preciosos como prata, platina e paládio são por vezes considerados ativos de refúgio devido à sua escassez, usos industriais e propriedades de reserva de valor.

Ativos de refúgio seguro não devem dominar o seu portfólio. Em vez disso, considere alocar uma parte dos seus investimentos a este tipo de ativos para equilibrar risco e retorno. A alocação correta depende da sua tolerância ao risco e dos objetivos de investimento.

O investimento inteligente em tempos de incerteza requer uma combinação de estratégias que se concentrem em objetivos de longo prazo, investimentos de qualidade, diversificação e incorporação de ativos de refúgio seguro. Mantendo a calma e evitando vendas em pânico, utilizando o preço médio e mantendo um portfólio diversificado, você pode enfrentar mercados voláteis com mais eficiência.

No próximo capítulo, exploraremos o gerenciamento eficaz da dívida, fornecendo dicas e estratégias práticas para reduzir e gerenciar o fardo da dívida durante crises financeiras.

Capítulo Cinco: Gerenciando a Dívida com Eficiência

A dívida pode ser um fardo significativo, especialmente durante uma crise financeira. A gestão eficaz da dívida é um fator importante para manter a estabilidade financeira e reduzir o estresse. Neste capítulo, abordaremos como priorizar e saldar dívidas com juros elevados, explorar opções de consolidação de dívidas e discutir a importância de utilizar o crédito de forma responsável.

Priorizando e Pagando Dívidas com Altos Juros

Avalie seu Endividamento

O primeiro passo para gerir a dívida de forma eficaz é compreender a situação atual da sua dívida. Faça uma lista de todas as suas dívidas, incluindo:

- Cartões de crédito
- Empréstimos pessoais
- Empréstimos estudantis
- Empréstimos para automóveis
- Empréstimos imobiliários

Para cada dívida, anote o saldo devedor, a taxa de juros e o pagamento mínimo mensal.
Dar prioridade à dívida com juros elevados é uma estratégia crítica.

Dívidas com juros altos, como saldos de cartão de crédito, podem aumentar rapidamente se não forem pagas prontamente. Concentre-se primeiro em pagar essas dívidas, pois elas custarão mais dinheiro no longo prazo. Uma abordagem eficaz é o método avalanche.

O método Avalanche

O método avalanche concentra-se em pagar primeiro as dívidas com as taxas de juros mais altas. Veja como funciona:

1. **Liste suas dívidas por taxa de juros.** Organize suas dívidas da taxa de juros mais alta para a mais baixa.
2. **Faça pagamentos mínimos.** Continue fazendo pagamentos mínimos de todas as suas dívidas.
3. **Faça pagamentos extras.** Direcione todo o dinheiro extra para a dívida com a maior taxa de juros.
4. **Repita.** Assim que a dívida com juros mais altos for paga, passe para a próxima da sua lista.

Ao priorizar dívidas com juros altos, você reduz o valor total dos juros que paga ao longo do tempo, ajudando-o a se livrar das dívidas mais rapidamente.

O Método Bola de Neve

Outra estratégia popular é o método bola de neve. Isso envolve pagar primeiro as dívidas menores, independentemente da taxa de juros, para obter um impulso psicológico com a eliminação das dívidas. Embora esse método possa não economizar tanto em juros, a sensação de realização pode ser motivadora e ajudá-lo a permanecer comprometido com seu plano de pagamento de dívidas. Ele se concentra em pagar primeiro as dívidas menores:

1. **Liste suas dívidas por saldo.** Organize suas dívidas do menor para o maior saldo.
2. **Faça pagamentos mínimos.** Continue fazendo pagamentos mínimos de todas as suas dívidas.

3. **Aloque pagamentos extras.** Direcione qualquer dinheiro extra para a menor dívida.
4. **Repita.** Assim que a menor dívida for paga, passe para a próxima da sua lista.

Opções de Consolidação de Dívidas

A consolidação de dívidas envolve a combinação de várias dívidas em um único empréstimo ou pagamento. Isso pode simplificar seus pagamentos e potencialmente reduzir suas taxas de juros. Veja a seguir algumas opções comuns de consolidação de dívidas:

- **Cartões de crédito para transferência de saldo.** Um cartão de crédito de transferência de saldo permite transferir saldos de cartão de crédito existentes para um novo cartão com uma taxa de juros mais baixa, geralmente com um período introdutório de juros de 0%. Isso pode ajudá-lo a pagar suas dívidas mais rapidamente, sem acumular juros adicionais. No entanto, **esteja atento às taxas de transferência de saldo** e certifique-se de poder **pagar o saldo antes do término do período introdutório.**

- **Empréstimos pessoais.** Um empréstimo pessoal pode ser usado para consolidar várias dívidas em um único empréstimo com taxa de juros fixa e pagamento mensal. Isso pode facilitar o gerenciamento de sua dívida e potencialmente reduzir sua taxa de juros geral. Procure as melhores condições de empréstimo e certifique-se de compreender as taxas e os termos de reembolso.

- **Empréstimos garantidos por imóvel ou HELOCs.** Se você possui uma casa, pode considerar um empréstimo ou linha de crédito garantido em relação à proporção de ativo que você detém no imóvel, para consolidar as dívida. Essas opções costumam ter taxas de juros mais baixas em comparação com cartões de crédito ou empréstimos pessoais. No entanto, eles usam a sua casa como garantia, o que significa que você corre o risco de perdê-la se não conseguir efetuar os pagamentos.

Usando o Crédito com Responsabilidade

O uso responsável do crédito é crucial para manter uma situação financeira saudável. Aqui estão algumas dicas para usar o crédito com sabedoria:

- **Mantenha os saldos do cartão de crédito baixos.** Procure usar menos de 30% do seu limite de crédito disponível.

- **Pague as contas em dia.** Os pagamentos pontuais ajudam a manter uma boa pontuação de crédito e evitam multas por atraso.

- **Evite dívidas desnecessárias.** Utilize o crédito apenas para despesas necessárias e evite compras por impulso.

Construa um Fundo de Emergência

Um fundo de emergência pode impedir que você dependa de cartões de crédito para despesas inesperadas. Procure economizar de três a seis meses em despesas de subsistência em uma conta de fácil acesso. Este fundo pode proporcionar um subterfúgio financeiro durante uma crise, ajudando-o a evitar a acumulação de mais dívidas.

Revise Regularmente seu Relatório de Crédito
(agências de proteção ao crédito)

A revisão regular do seu relatório de crédito pode ajudá-lo a manter o controle da saúde do seu crédito e detectar quaisquer erros ou sinais de roubo de identidade.

A gestão eficaz da dívida é essencial para a estabilidade financeira, especialmente durante uma crise financeira. Ao priorizar e pagar dívidas com juros altos, explorar opções de consolidação de dívidas e usar o crédito de forma responsável, você pode reduzir o fardo da dívida e melhorar sua saúde financeira.

No próximo capítulo, vamos explorar estratégias para proteger os seus ativos, incluindo a importância do seguro e garantir que você tenha a cobertura adequada para salvaguardar o seu futuro financeiro.

Capítulo Seis: Protegendo os Seus Ativos

No meio de uma crise financeira, proteger os seus ativos torna-se fundamental. Proteger os seus ativos através de uma apólice de seguro adequada pode protegê-lo de problemas financeiros inesperados e garantir a estabilidade a longo prazo. Neste capítulo, discutiremos a importância do seguro, os tipos de seguro a serem considerados e como garantir que você tenha a cobertura adequada.

A Importância do Seguro

O seguro atua como uma rede de proteção, proporcionando suporte financeiro contra imprevistos. Quer se trate de problemas de saúde, acidentes, desastres naturais ou reclamações de responsabilidade civil, ter o seguro certo pode evitar que estas situações esgotem as suas poupanças ou o afundem em dívidas.

O seguro oferece segurança financeira ao cobrir despesas significativas que, de outra forma, poderiam esgotar seus recursos. Por exemplo, o seguro saúde (ou convênio médico) pode cobrir despesas médicas, enquanto o seguro residencial pode pagar reparos após um desastre natural. Sem seguro, esses custos inesperados podem afetar gravemente a sua saúde financeira.

Saber que você está protegido contra riscos potenciais oferece tranquilidade. Você pode se concentrar em outros aspectos da sua vida sem se preocupar constantemente com a ruína financeira devido a acontecimentos imprevistos. **Essa garantia mental é inestimável**, especialmente em tempos de incerteza.

Certos tipos de seguro, como seguro de responsabilidade civil, protegem você de ações judiciais. Se você for processado por causar ferimentos ou danos, o seguro de responsabilidade civil pode cobrir honorários advocatícios e acordos, protegendo seus bens de serem apreendidos para pagar esses custos.

Tipos de Seguro a Considerar

Existem vários tipos de apólices de seguro destinadas a proteger diferentes aspectos de sua vida e bens. Aqui estão alguns tipos essenciais a serem considerados:

- **Plano de saúde.** O plano de saúde é fundamental para cobrir despesas médicas, desde exames de rotina até grandes cirurgias. Ele garante que você receba os cuidados médicos necessários sem se preocupar com os altos custos. As opções incluem planos fornecidos pelo empregador, apólices individuais e programas governamentais.

- **Seguro residencial/locatário.** O seguro residencial protege sua casa e bens pessoais contra danos ou perdas devido a eventos como incêndio, roubo ou desastres naturais. Ele também oferece cobertura de responsabilidade caso alguém seja ferido em sua propriedade. O seguro de locatário oferece proteção semelhante para quem aluga sua casa, cobrindo pertences pessoais e responsabilidades.

- **Seguro automóvel.** O seguro automóvel é obrigatório na maioria dos lugares e cobre custos relacionados a acidentes de carro, incluindo danos materiais, despesas médicas e responsabilidade por lesões a terceiros. A cobertura abrangente e de colisão também pode proteger contra danos não relacionados a acidentes, como roubo ou vandalismo.

- **Seguro de vida.** O seguro de vida oferece suporte financeiro aos seus beneficiários em caso de sua morte. Pode ajudar a cobrir despesas funerárias, saldar dívidas e proporcionar reposição de renda para sua família.

- **Seguro de invalidez.** O seguro de invalidez substitui uma parte de sua renda se você não puder trabalhar devido à doença ou lesão. A invalidez de curto prazo cobre incapacidades temporárias, enquanto a invalidez de longo prazo oferece benefícios por períodos mais prolongados, garantindo que você possa cumprir suas obrigações financeiras mesmo que não possa trabalhar.

- **Seguro de responsabilidade civil.** O seguro de responsabilidade civil protege você de ações judiciais se você for responsabilizado por causar ferimentos ou danos a outra pessoa. Inclui cobertura de responsabilidade pessoal, muitas vezes parte do seguro residencial ou locatário e apólices abrangentes que oferecem proteção adicional de responsabilidade além dos limites padrão da apólice.

Garantindo uma Cobertura Adequada

Ter seguro é benéfico, mas é igualmente importante garantir que você tenha a cobertura certa para proteger adequadamente seus ativos.

Veja a seguir algumas etapas para garantir a cobertura adequada:

- **Avalie suas necessidades.** Avalie seus ativos, estilo de vida e riscos potenciais para determinar os tipos e valores de cobertura necessários. Considere fatores como o valor da sua casa e bens, sua renda, dependentes e quaisquer riscos específicos associados à sua localização ou atividades.

- **Compare apólices.** Pesquise e compare apólices de diferentes seguradoras. Consulte as opções de cobertura, limites, exclusões e prêmios para encontrar a melhor opção para suas necessidades e orçamento. Ferramentas de comparação online e consultas com agentes de seguros podem ajudá-lo a tomar decisões informadas.

- **Revise e atualize regularmente a cobertura.** As circunstâncias da vida mudam e suas necessidades de seguro podem evoluir com o tempo. Revise regularmente suas apólices para garantir que ainda forneçam cobertura adequada. Atualize sua cobertura se você passar por mudanças significativas em sua vida, como comprar uma casa nova, casar, ter filhos ou começar um novo emprego.

- **Entenda os detalhes da apólice.** Leia cuidadosamente e compreenda os detalhes de suas apólices de seguro. Saiba o que está coberto, eventuais exclusões, franquias e o processo de apresentação de reclamações. Estar bem informado sobre suas apólices garante que você possa usar sua cobertura com eficácia quando necessário.

Proteger os seus ativos através de uma cobertura de seguro adequada é um aspecto fundamental do planeamento financeiro, especialmente durante uma crise financeira. Ao compreender a importância do seguro, considerar tipos essenciais de cobertura e garantir que você tenha as apólices corretas em vigor, você poderá proteger seu futuro financeiro contra eventos inesperados.

No próximo capítulo, exploraremos a criação de um plano de contingência financeira, fornecendo estratégias para preparar e enfrentar com confiança potenciais crises financeiras.

Capítulo Sete: Cortar Custos e Seguir um Orçamento com Sabedoria

Durante uma crise financeira, estratégias eficazes de gestão do orçamento familiar e de redução de custos são muito importantes. Ao identificar despesas desnecessárias, criar um orçamento flexível e adotar hábitos de vida frugais, você poderá administrar suas finanças de forma mais eficaz. Neste capítulo, exploraremos essas estratégias em detalhes para ajudá-lo a assumir o controle de sua situação financeira.

Identificando e Eliminando Despesas Desnecessárias

O primeiro passo para cortar custos é entender para onde vai seu dinheiro. Acompanhe todas as suas despesas de um mês, categorizando-as em necessidades (essenciais) e desejos (não essenciais). Isso pode ser feito por meio de aplicativos de orçamento pessoal, planilhas ou até mesmo um simples caderno.

Use a tecnologia a seu favor, aproveitando aplicativos de orçamento ou ferramentas de monitoramento financeiro. Muitos aplicativos permitem vincular suas contas bancárias e cartões de crédito, categorizar transações automaticamente e gerar relatórios sobre seus hábitos de consumo. Essa automação pode economizar tempo e fornecer informações em tempo real sobre para onde seu dinheiro está indo, facilitando a identificação de áreas onde você pode reduzir despesas. Conhecer seus hábitos de consumo é a chave para identificar áreas onde você pode reduzir.

Durante uma crise financeira, é importante distinguir entre despesas essenciais e não essenciais. Concentre-se em cobrir as suas necessidades básicas, como alimentação, moradia, serviços públicos e cuidados de saúde, antes de alocar fundos para despesas discricionárias.

Comunique abertamente com os membros da família ou moradores domiciliares sobre as prioridades financeiras e as metas orçamentárias. Colabore nos processos de tomada de decisão e incentive todos a contribuir para medidas de redução de custos. Esta responsabilidade compartilhada promove a transparência e a responsabilização financeira, garantindo que todos trabalham para atingir objetivos financeiros comuns em tempos difíceis.

Assinaturas mensais e associações podem aumentar rapidamente. Revise todas as suas assinaturas, como serviços de *streaming*, inscrições em academias, revistas e aplicativos. Cancele aqueles que você raramente usa ou sem os quais consegue viver. Considere compartilhar assinaturas com familiares ou amigos para reduzir custos.

As contas de serviços públicos podem representar uma parte significativa de suas despesas mensais, mas podem ser reduzidas. Mudanças simples podem levar a economias substanciais:

- **Eficiência Energética**. Use aparelhos e lâmpadas com baixo consumo de energia. Desconecte os eletrônicos quando não estiverem em uso e considere um termostato programável.

- **Conservação da Água**. Conserte vazamentos, tome banhos mais curtos e use acessórios que economizem água.

- **Pesquise Antes de Comprar**. Compare as taxas de diferentes provedores de serviços públicos e mude para planos mais baratos, se disponíveis.

Considere negociar com prestadores de serviços ou credores para reduzir os pagamentos mensais ou adiar os pagamentos temporariamente, se necessário, para aliviar a pressão financeira.

Comer fora e pedir comida para viagem pode ser conveniente, mas caro. Experimente cozinhar mais refeições em casa, planejando o cardápio semanal e preparando as refeições em grandes quantidades. Leve o almoço para o trabalho em vez de comprá-lo e trate jantar fora como um deleite ocasional, em vez de um hábito regular.

Criando um Orçamento Flexível

Determine suas receitas e despesas. Comece listando todas as fontes de renda, incluindo salário, atividades paralelas e quaisquer outros ganhos regulares. Em seguida, liste todas as suas despesas mensais, tanto fixas (aluguel, hipoteca, serviços públicos) quanto variáveis (alimentos, entretenimento, transporte).
Categorize e priorize. Categorize suas despesas em necessidades e desejos. As necessidades incluem itens essenciais como moradia, serviços públicos, alimentação, transporte e seguros. Os desejos são itens não essenciais, como jantar fora, entretenimento e compras de luxo. Priorize suas necessidades e aloque dinheiro em consequência.
Estabeleça metas realistas. Estabeleça metas financeiras realistas, como saldar dívidas, criar um fundo de emergência ou economizar para uma compra importante. Essas metas ajudarão a orientar suas decisões orçamentárias e a mantê-lo motivado.
Monitore e ajuste. Um orçamento não é imutável. Monitore seus gastos regularmente e compare-os com seu orçamento. Ajuste seu orçamento conforme necessário para acomodar mudanças nas receitas ou despesas inesperadas. A flexibilidade é a chave para manter um orçamento viável.

Dicas para uma Vida Frugal

Abrace o minimalismo. O minimalismo se concentra em possuir menos bens e priorizar a qualidade em vez da quantidade. Ao adotar uma mentalidade minimalista, você pode reduzir a desordem e economizar dinheiro comprando apenas o que realmente precisa e valoriza.
Soluções do tipo "faça-você-mesmo" e opções caseiras. Fazer as coisas por você mesmo pode economizar muito dinheiro. Aprenda habilidades básicas de manutenção doméstica, culinária e artesanato. Faça presentes caseiros, limpe com soluções caseiras e repare itens em vez de substituí-los.
Compre de forma inteligente. Seja um comprador experiente

para economizar dinheiro:

- **Comprar em grandes quantidades.** Compre itens não perecíveis a granel para economizar nos custos unitários.

- **Use cupons e descontos.** Procure cupons, descontos e ofertas de acumulação de pontos ao fazer compras.

- **Produtos de segunda mão.** Compre roupas, móveis e outros itens em brechós, lojas de consignação ou mercados online.

Planeje e prepare. Planejar com antecedência pode evitar gastos desnecessários:

- **Planejamento de refeições**: Planeje as refeições da semana, faça uma lista de compras e cumpra-a para evitar compras por impulso.

- **Evite compras por impulso**: implemente uma regra de 24 horas para compras não essenciais. Espere um dia antes de comprar para ver se ainda quer.

- **Orçamento para diversão**: Aloque uma pequena parte do seu orçamento para entretenimento e lazer para evitar se sentir privado.

Cortar custos e gerir um orçamento com sabedoria são competências essenciais para enfrentar uma crise financeira. Ao identificar e eliminar despesas desnecessárias, criar um orçamento flexível e adotar hábitos de vida frugais, você pode assumir o controle de suas finanças e construir um futuro financeiro mais resiliente.

O próximo capítulo explorará a construção de um fundo de emergência e fornecerá dicas e estratégias práticas para garantir que você tenha uma proteção financeira com a qual contar em tempos difíceis.

Capítulo Oito: Manter-se informado e adaptar-se

Este capítulo explora a importância da educação financeira, os recursos para se manter atualizado sobre as tendências econômicas e como adaptar o seu plano financeiro conforme necessário.

A Importância da Educação Financeira

A educação financeira é a capacidade de compreender e utilizar diversas competências financeiras, incluindo gestão financeira pessoal, orçamento e investimento. Ela fornece o conhecimento necessário para tomar decisões informadas sobre seu dinheiro, reduzindo o risco de erros financeiros.

Com uma base sólida em educação financeira, você pode tomar melhores decisões em relação a gastos, poupança, investimento e empréstimos. Isto ajuda-o a evitar dívidas com juros elevados, a escolher opções de investimento adequadas e a criar um plano financeiro robusto que resista às incertezas econômicas.

A alfabetização financeira aumenta a confiança no gerenciamento de suas finanças. Compreender como funcionam os diferentes produtos financeiros, saber interpretar as notícias financeiras e estar atento às tendências econômicas permite-lhe assumir o controle do seu futuro financeiro.

Recursos para se Manter Atualizado sobre as Tendências Econômicas

Sites de notícias financeiras. Sites de notícias financeiras respeitáveis fornecem informações atualizadas sobre tendências econômicas, movimentos de mercado e consultoria financeira. Alguns recursos populares incluem:

- **Bloomberg** : Cobertura abrangente dos mercados financeiros globais e notícias econômicas.

- **Reuters**: Análise aprofundada da evolução financeira e econômica.

- **CNBC**: atualizações ao vivo sobre mercados de ações, notícias econômicas e dicas de finanças pessoais.

Blogs e *podcasts* financeiros. Blogs e *podcasts* podem oferecer informações exclusivas e opiniões de especialistas sobre temas financeiros. Alguns blogs e *podcasts* recomendados são:

- **The Motley Fool** : Consultoria de investimento e análise do mercado de ações.
- **Planet Money da NPR** : histórias envolventes sobre a economia e as tendências financeiras.
- **Sr. Money Mustache**: Conselhos práticos sobre vida frugal e independência financeira.

Relatórios governamentais e institucionais. As agências governamentais e as instituições financeiras publicam regularmente relatórios sobre as condições e previsões econômicas. As principais fontes incluem:

- **Banco Central**: Relatórios sobre condições econômicas, política monetária e estabilidade financeira.
- **Instituto de Estatísticas**: Dados sobre PIB, renda pessoal e gastos do consumidor.
- **Fundo Monetário Internacional (FMI)**: Perspectivas econômicas globais e relatórios de estabilidade financeira.

Cursos e Workshops Educacionais. Muitas organizações oferecem cursos e workshops sobre educação financeira e tendências econômicas. Eles podem ser encontrados on-line ou em centros comunitários locais, universidades e organizações sem fins lucrativos. Sites como Coursera e Khan Academy oferecem cursos gratuitos ou de baixo custo sobre diversos temas financeiros.

Adaptando seu Plano Financeiro Conforme Necessário

O seu plano financeiro deve ser um documento vivo que evolui de acordo com as suas circunstâncias e o ambiente econômico mais amplo. Revise regularmente suas metas financeiras, receitas, despesas e investimentos para garantir que estejam alinhados com sua situação atual e aspirações futuras.

Flexibilidade é a chave para adaptar seu plano financeiro. Esteja aberto a ajustar o seu orçamento, realocar investimentos ou explorar novas fontes de rendimento à medida que as condições econômicas mudam. Esta abordagem proativa ajuda você a permanecer resiliente durante crises financeiras.

Ter planos de contingência em vigor pode ajudá-lo a enfrentar pelas incertezas financeiras com mais tranquilidade. Isso pode incluir:

- **Fundo de emergência**: certifique-se de ter um fundo de emergência robusto para cobrir pelo menos três a seis meses de despesas de subsistência.

- **Fontes alternativas de renda**: Identifique potenciais atividades paralelas ou fontes de renda passivos que podem fornecer apoio financeiro se sua renda primária for afetada.

- **Estratégias de gestão de dívidas**: Tenha um plano para administrar e saldar dívidas, incluindo compreender suas opções de consolidação de dívidas ou buscar aconselhamento financeiro profissional, se necessário.

Monitore os principais indicadores econômicos

Existem indicadores que fornecem informações sobre a saúde da economia, riscos potenciais e sinais de turbulência financeira iminente. Ao monitorizar estes indicadores, você pode tomar decisões informadas para proteger seus ativos, mitigar riscos e navegar através de períodos econômicos turbulentos.

Fique atento aos principais indicadores econômicos que podem sinalizar mudanças no ambiente financeiro, tais como:

Produto Interno Bruto (PIB). O PIB mede o valor total dos bens e serviços produzidos em um país durante um período específico. Um declínio significativo no PIB, especialmente durante trimestres consecutivos (recessão), pode indicar contração econômica e potenciais condições recessivas. Um declínio prolongado do PIB está frequentemente associado à redução dos gastos dos consumidores, do investimento empresarial e da atividade econômica em geral, sinalizando um enfraquecimento da economia e uma potencial instabilidade financeira.

Taxa de desemprego. A taxa de desemprego reflete a percentagem da força de trabalho que procura ativamente emprego, mas não consegue encontrar emprego. Durante uma crise financeira, o desemprego normalmente aumenta à medida em que as empresas cortam custos, reduzem as contratações ou demitem trabalhadores para fazer face aos desafios econômicos. As elevadas taxas de desemprego podem levar à redução dos gastos dos consumidores, ao aumento da inadimplência nos empréstimos e às dificuldades econômicas para indivíduos e famílias, aumentando a instabilidade financeira.

Desempenho do mercado de ações. Os índices do mercado de ações (como o S&P 500, Ibovespa, ou o Dow Jones Industrial Average, nos EUA) fornecem informações sobre o sentimento dos investidores e a confiança do mercado. Quedas acentuadas nos preços das ações durante um curto período, muitas vezes referidas como uma correção ou colapso do mercado, podem sinalizar preocupações generalizadas sobre o crescimento econômico, a rentabilidade das empresas ou a estabilidade do sistema financeiro. Um mercado em baixa prolongada, caracterizado por quedas prolongadas nos preços das ações, pode indicar uma fraqueza econômica mais ampla e potenciais riscos sistêmicos.

Taxa de juros. Os bancos centrais ajustam as taxas de juro para influenciar os custos dos empréstimos, a inflação e o crescimento econômico. Durante uma crise financeira, os bancos centrais podem baixar as taxas de juro para estimular a atividade econômica, incentivar a contração de empréstimos e apoiar os mercados financeiros. Por outro lado, o aumento das taxas de juro, especialmente se aumentar de forma rápida ou inesperada, pode restringir as condições financeiras, restringir os gastos dos consumidores e impactar o investimento empresarial, agravando potencialmente os desafios econômicos.

Índice de Confiança do Consumidor. O Índice de Confiança do Consumidor (ICC) mede o otimismo dos consumidores em relação às perspectivas futuras da economia, às perspectivas de emprego e às finanças pessoais. A diminuição da confiança dos consumidores durante uma crise financeira reflete preocupações acrescidas sobre as condições econômicas, a segurança no emprego e a estabilidade dos rendimentos. A redução da confiança dos consumidores pode levar a uma redução dos gastos dos consumidores, a um enfraquecimento das vendas a varejo e ao abrandamento econômico geral, contribuindo para a instabilidade financeira.

Lucro corporativo. Os lucros corporativos fornecem uma perspectiva sobre a saúde financeira e a lucratividade das empresas. Durante uma crise financeira, a diminuição dos lucros das empresas, especialmente em vários setores ou indústrias, pode sinalizar uma redução da atividade empresarial, uma menor procura dos consumidores e desafios de rentabilidade. Alertas sobre lucros ou redução dos lucros empresariais podem afetar o sentimento dos investidores, os preços das ações e a estabilidade do mercado, destacando potenciais vulnerabilidades na economia.

***Spreads* de crédito e rendimentos de títulos.** Os *spreads* de crédito, que medem a diferença nos rendimentos entre títulos empresariais e títulos governamentais mais seguros (como títulos do Tesouro Nacional), fornecem informações sobre a apetite pelo risco dos investidores e as condições do mercado de crédito. O aumento dos *spreads* de crédito durante uma crise financeira indica uma maior aversão ao risco dos investidores, custos de empréstimos mais elevados para as empresas e potenciais desafios de liquidez nos mercados de crédito. O aumento dos rendimentos dos títulos do tesouro, especialmente dos tesouros governamentais considerados como portos seguros, pode sinalizar uma fuga dos investidores para a qualidade num contexto de incerteza econômica.

Indicadores do mercado imobiliário. O mercado imobiliário é observado atentamente como um barômetro da saúde econômica. Durante uma crise financeira, as quedas nas vendas de casas, a queda dos preços dos imóveis e o aumento das taxas de execução hipotecária podem indicar o enfraquecimento da confiança dos consumidores, a redução da riqueza das famílias e as dificuldades financeiras dos proprietários. As condições difíceis do mercado imobiliário podem contribuir para uma instabilidade econômica mais ampla, afetando os gastos dos consumidores, os empréstimos hipotecários e a saúde do setor financeiro.

Taxas de câmbio. As taxas de câmbio refletem a força relativa da moeda de um país em comparação com outros. Durante uma crise financeira, a volatilidade, a desvalorização ou as quedas repentinas da moeda podem sinalizar preocupações dos investidores sobre os fundamentos econômicos, as políticas fiscais ou ameaças externas. A instabilidade monetária pode impactar negociações comerciais, nas expectativas de inflação e no sentimento do mercado global, influenciando a estabilidade econômica e o desempenho dos mercados financeiros.

Dívida pública e políticas fiscais. Os níveis de dívida pública e as políticas fiscais desempenham um papel crucial na resposta aos desafios econômicos durante uma crise financeira. Os elevados encargos da dívida pública, os déficits fiscais ou as despesas insustentáveis podem prejudicar as finanças públicas, limitar as opções políticas e minar a confiança dos investidores. Políticas orçamentais eficazes, como medidas de estímulo ou medidas de austeridade, podem ter impacto na recuperação econômica, na estabilidade do mercado e na sustentabilidade orçamental a longo prazo.

Ao manter-se informado sobre esses indicadores, você poderá fazer ajustes oportunos em seu plano financeiro. Manter-se informado e adaptar seu plano financeiro é essencial para enfrentar com sucesso as crises financeiras. Ao melhorar a sua educação financeira, utilizar recursos fiáveis para se manter atualizado sobre as tendências econômicas e ser flexível com as suas estratégias financeiras, você pode construir resiliência e proteger o seu futuro financeiro.

O próximo capítulo destacará a importância do planejamento a longo prazo.

Capítulo Nove: Planejando a Longo Prazo

No meio de uma crise financeira, é importante não perder de vista os seus objetivos financeiros a longo prazo. Definir metas financeiras, planejar a aposentadoria e garantir que seu patrimônio esteja em ordem são etapas essenciais para garantir seu futuro financeiro e proteger seu legado. Este capítulo irá guiá-lo através desses processos, oferecendo conselhos práticos para fazer face a tempos incertos.

Definindo Metas Financeiras

Defina Metas Claras e Tangíveis

Definir metas financeiras fornece um roteiro a seguir e ajuda você a manter o foco em seu bem-estar financeiro a longo prazo. Comece definindo metas claras, específicas e atingíveis. Isso pode incluir:

- **Metas de curto prazo**: Pagar dívidas de cartão de crédito, construir um fundo de emergência, economizar para as férias.
- **Metas de médio prazo**: Economizar para pagar a entrada de uma casa, financiar a educação de um filho, comprar um carro.
- **Objetivos de longo prazo**: Economizar para a aposentadoria, adquirir propriedades para investimento, deixar um legado financeiro.

Torne suas metas *SMART* (inteligentes)

As metas SMART são uma estrutura para definir objetivos claros e tangíveis. A sigla SMART (do inglês, *Specific, Measurable, Achievable, Relevant, and Time-bound*) significa Específico, Mensurável, Tangível, Relevante e com Limite de Tempo. Esta estrutura ajuda os indivíduos a definir e acompanhar o progresso em direção aos seus objetivos de forma eficaz. Ele fornece clareza e foco, garantindo que todos entendam o que precisa ser alcançado e por que isso é importante.

Certifique-se de que seus objetivos financeiros sejam SMART. Por exemplo, em vez de dizer "economize mais dinheiro", estabeleça uma meta como "economize R$ 5,000.00 para um fundo de emergência dentro de 12 meses".

As metas SMART são:

- **Específicas**: as metas devem ser claras, bem definidas e específicas. Eles respondem às perguntas: O que eu quero realizar? Por que esse objetivo é importante? Que recursos ou restrições estão envolvidos?

- **Mensuráveis**: As metas devem ser quantificáveis e incluir métricas ou critérios para acompanhar o progresso. Metas mensuráveis ajudam a avaliar se o objetivo está sendo alcançado e fornecem uma maneira de avaliar o sucesso.

- **Tangíveis**: As metas devem ser realistas e tangíveis, dados os recursos, o prazo e as circunstâncias. Eles devem ampliar suas habilidades, mas permanecer dentro do campo das possibilidades.

- **Relevantes**: as metas devem estar alinhadas com objetivos mais amplos e ser relevantes para sua visão ou propósito geral. Devem contribuir para o crescimento pessoal ou organizacional e ser significativas no contexto das suas prioridades.

- **Possuir prazos**: as metas devem ter um prazo ou prazo específico para conclusão. Isso ajuda a criar um senso de urgência e foco, evitando que as metas se arrastem indefinidamente.

Desmembre seus Objetivos

Desmembrar seus objetivos maiores em etapas menores e gerenciáveis pode torná-los menos assustadores e mais fáceis de alcançar. Por exemplo, se sua meta é economizar R$ 5,000.00 em um ano, planeje economizar cerca de R$ 417,00 por mês ou cerca de R$ 100,00 por semana.

Planejamento da Aposentadoria em Tempos Incertos

Entenda as suas necessidades em uma aposentadoria. Estimar suas necessidades em uma aposentadoria envolve considerar vários fatores, como estilo de vida desejado, expectativa de vida, custos de saúde e inflação. Use calculadoras de aposentadoria e consulte consultores financeiros para ter uma ideia realista de quanto você precisará.

Diversifique suas economias para a aposentadoria. A diversificação é fundamental para mitigar o risco, especialmente em tempos de incerteza. Considere distribuir suas economias para a aposentadoria em diferentes tipos de contas e investimentos, incluindo:

- **Planos de aposentadoria patrocinados pelo empregador** (geralmente incluem contribuições equiparadas).

- **Contas individuais de aposentadoria**. Considere planos de aposentadoria privada.

- **Carteiras de investimento**: Ações, títulos do tesouro, fundos mútuos e ETFs podem proporcionar potencial de crescimento e rendimento.

- **Imobiliário**: As propriedades de investimento podem oferecer rendimentos de aluguel e valorização ao longo do tempo.

Ajuste suas contribuições. Continue a contribuir para as suas poupanças para a aposentadoria, mesmo em tempos econômicos incertos e mesmo se precisar ajustar os montantes. Se sua renda oscilar, tente manter pelo menos uma contribuição mínima e aumente-[1]a quando sua situação financeira melhorar.

Reavalie sua tolerância ao risco. A volatilidade do mercado pode impactar seus investimentos na aposentadoria. Reavalie regularmente a sua tolerância ao risco e ajuste a sua estratégia de investimento em consequência. Ao se aproximar da aposentadoria, considere mudar para investimentos mais conservadores para preservar o seu capital.

Planejamento Patrimonial e Proteção do seu Legado

Crie ou atualize seu testamento. O testamento é um componente fundamental do planejamento patrimonial. Ele garante que seus bens sejam distribuídos de acordo com sua vontade e pode ajudar a evitar possíveis disputas entre herdeiros. Se você não tem testamento, crie um. Se o fizer, revise-o e atualize-o regularmente, especialmente após acontecimentos importantes na vida, como casamento, divórcio ou nascimento de um filho.

Estabeleça um [1]*Trust*. Os *trusts* podem oferecer maior controle sobre como seus ativos são gerenciados e distribuídos. Eles também podem fornecer benefícios fiscais e ajudar a evitar inventários.

Um *trust* é um acordo legal no qual uma parte, conhecida como *trustor*, instituidor ou concedente, transfere ativos como dinheiro, propriedade ou investimentos para outra parte conhecida como *trustee* (fiduciário ou administrador). O administrador detém e administra esses ativos em nome de um terceiro, conhecido como beneficiário ou beneficiários, de acordo com os termos especificados no contrato de fideicomisso. *Trusts* são comumente usados para planejamento patrimonial, proteção de ativos e fins de caridade.

Os tipos comuns de administradores incluem:

- ***Trust* revogável**: Um *trust* que pode ser alterado, acrescido ou revogado pelo instituidor durante sua vida. Torna-se

---

[1] Comparável a um Fideicomisso

irrevogável após a morte do fiduciário e normalmente evita o inventário de ativos mantidos no *trust*.

- **Tust irrevogável**: Um *trust* que não pode ser modificado ou rescindido pelo instituidor uma vez estabelecido. Oferece proteção patrimonial e pode oferecer benefícios fiscais, mas requer consideração cuidadosa devido à sua irrevogabilidade.

- **Trust testamentário**: Um *trust* estabelecido por meio de testamento e que entra em vigor após a morte do instituidor. Permite o controle sobre a distribuição de bens aos beneficiários após a morte.

- **Trust de caridade**: Um *trust* estabelecido para fins de caridade, com uma instituição de caridade ou uma causa de caridade designada como beneficiária. Pode proporcionar vantagens fiscais e apoiar objetivos filantrópicos.

- **Trust para necessidades especiais**: Um *trust* concebido para fornecer cuidados contínuos e apoio financeiro a uma pessoa com deficiência, preservando ao mesmo tempo a sua elegibilidade para benefícios governamentais.

- **Trust de proteção de ativos**: um *trust* criado para proteger ativos de credores ou reivindicações legais, normalmente estabelecido em jurisdições com leis de proteção de ativos favoráveis.

Designar beneficiários. Certifique-se de que todas as suas contas financeiras, planos de aposentadoria e apólices de seguro de vida tenham designações de beneficiários atualizadas. Isso garante que esses ativos sejam transferidos diretamente para seus beneficiários, evitando o inventário.

Planeje a incapacidade. Prepare-se para a possibilidade de incapacidade estabelecendo uma procuração durável e um "procurador" no contexto de saúde. Esses documentos legais permitem que pessoas de confiança tomem decisões financeiras e médicas em seu nome, caso você não possa fazê-lo.

O planeamento a longo prazo é um componente vital da

estabilidade financeira, especialmente durante uma crise financeira. Ao definir metas financeiras claras, diversificar e ajustar seus planos de aposentadoria e garantir que seu patrimônio seja administrado adequadamente, você pode garantir seu futuro financeiro e proteger o seu legado.

No próximo capítulo, exploraremos a construção de uma forte rede de apoio, incluindo consultores profissionais, recursos comunitários e relacionamentos pessoais, para ajudá-lo a gerenciar e superar desafios financeiros.

Capítulo Dez: Preparação Psicológica

Gerenciar seu bem-estar emocional e mental durante uma crise financeira é tão importante quanto administrar suas finanças. Este capítulo explora estratégias para lidar com o estresse e a ansiedade financeira, construir resiliência, manter uma mentalidade positiva e saber quando procurar aconselhamento financeiro profissional.

Lidando com o Estresse Financeiro e a Ansiedade

Reconheça seus desencadeadores de estresse. O estresse financeiro pode resultar de diversas fontes, tais como perda de emprego, dívidas, volatilidade do mercado ou despesas inesperadas. Identifique o que desencadeia o seu estresse para gerenciar melhor o impacto no seu bem-estar.

Pratique técnicas de alívio de estresse. A implementação de técnicas de alívio de estresse pode ajudar a aliviar a ansiedade financeira:

- **Respiração profunda.** Respire lenta e profundamente para acalmar a mente e reduzir os níveis de estresse.

- **Exercício.** Pratique atividades físicas como caminhada, ioga ou corrida para liberar a tensão e melhorar o humor.

- **Atenção plena e meditação.** Pratique técnicas de atenção plena ou meditação para se concentrar e reduzir a ansiedade.

- **Estilo de vida saudável**: Mantenha uma dieta equilibrada, durma o suficiente e limite a ingestão de cafeína e álcool, pois podem agravar o estresse.

Procure apoio emocional. Converse com amigos e familiares de confiança sobre suas preocupações financeiras. Compartilhar seus sentimentos pode fornecer apoio emocional e ajudá-lo a ter uma perspectiva sobre sua situação.

Construindo Resiliência e uma Mentalidade Positiva

Concentre-se no que você pode controlar. Embora você possa não controlar os fatores econômicos externos, concentre-se naquilo que pode controlar, como seu orçamento, hábitos de consumo e metas de poupança. Tomar medidas proativas te fortalece e reduz sentimentos de desamparo.
Pratique a gratidão. Cultivar a gratidão pode mudar sua perspectiva e aumentar a resiliência. Todos os dias, reflita sobre as coisas pelas quais você é grato, sejam relacionamentos de apoio, boa saúde ou pequenas conquistas.
Defina expectativas realistas. Reconheça que as crises financeiras são temporárias e muitas vezes fazem parte de ciclos econômicos mais amplos. Definir expectativas realistas pode ajudá-lo a enfrentar as incertezas com maior resiliência.

Buscando Aconselhamento Financeiro Profissional Quando Necessário

Se você estiver sobrecarregado com decisões financeiras ou inseguro sobre sua estratégia financeira, procure orientação de um consultor financeiro profissional. Eles podem fornecer aconselhamento especializado adaptado às suas circunstâncias e objetivos específicos.

Tipos de consultores financeiros que podem ajudá-lo:

- **Planejador Financeiro Certificado (CFP).** Oferece consultoria abrangente sobre planejamento financeiro, incluindo investimentos, planejamento de aposentadoria e planejamento patrimonial.

- **Conselheiro financeiro.** Fornece orientação sobre estratégias de investimento e metas financeiras.

- **Conselheiro de crédito.** Ajuda na gestão da dívida e no orçamento.

Consultores financeiros profissionais podem:

- **Fornecer clareza.** Obtenha uma compreensão clara de sua situação financeira e das opções disponíveis para você.

- **Criar um plano.** Desenvolva um plano financeiro personalizado alinhado com seus objetivos e tolerância ao risco.

- **Reduzir a complexidade.** Receba orientação sobre questões financeiras complexas, como planejamento tributário ou diversificação de investimentos.

Para escolher o consultor certo, procure aqueles com credenciais e certificações relevantes, como CFP ou consultor de investimentos registrado (CVM). Considere também a experiência deles em lidar com clientes em situações financeiras semelhantes. Entenda a estrutura de taxas e certifique-se de que ela esteja alinhada com suas preferências (somente taxas, com base em comissões ou uma combinação).

A preparação psicológica é importante para enfrentar as crises financeiras com resiliência e manter uma perspectiva positiva. Ao lidar eficazmente com o estresse financeiro, criar resiliência, promover uma mentalidade positiva e procurar aconselhamento financeiro profissional quando necessário, você pode proteger o seu bem-estar mental e tomar decisões financeiras informadas.

No próximo capítulo, exploraremos estratégias práticas para reconstruir e fortalecer a sua base financeira pós-crise, incluindo a reconstrução de poupanças, a reparação do crédito e a definição de novos objetivos financeiros para o futuro.

Capítulo Onze: Reconstruindo a Sua Base Financeira

Emergir de uma crise financeira requer medidas deliberadas para reconstruir e fortalecer a sua base financeira. Este capítulo aborda estratégias práticas para reconstruir poupanças, reparar o crédito e estabelecer novas metas financeiras para o futuro.

Comece por avaliar o impacto da crise financeira nas suas poupanças. Determine quanto resta e identifique quaisquer fundos de emergência ou poupanças que se esgotaram durante a crise.

Desenvolva um novo orçamento realista que reflita suas receitas e despesas atuais. Priorize despesas essenciais, como moradia, serviços públicos, mantimentos e pagamento de dívidas. Aloque uma parte de sua renda para reconstruir suas economias.

Estabeleça metas de poupança de curto e longo prazo com base em suas prioridades financeiras. Procure criar um fundo de emergência que cubra pelo menos de três a seis meses de despesas de subsistência. Desmembre metas maiores em partes menores e gerenciáveis.

Automatize as transferências da sua conta corrente para o a sua poupança ou fundo de emergência. A configuração de contribuições automáticas garante consistência e elimina a tentação de gastar o dinheiro destinado à poupança.

Reparando Crédito

Obtenha uma cópia do seu relatório de crédito de cada uma das principais agências de crédito. Revise os relatórios em busca de imprecisões, atrasos nos pagamentos ou contas em cobranças que possam estar afetando sua pontuação de crédito.

Dispute quaisquer imprecisões ou erros em seu relatório de crédito. Entre em contato com os credores para negociar planos de reembolso ou liquidações de dívidas pendentes. Fazer pagamentos pontuais e reduzir saldos pendentes pode melhorar sua pontuação de crédito ao longo do tempo.

Gerencie seu crédito com responsabilidade para reconstruir seu histórico de crédito:

- **Pague as contas em dia.** Pagamentos pontuais demonstram responsabilidade financeira e impactam positivamente sua pontuação de crédito.

- **Reduzir a dívida.** Concentre-se em pagar dívidas existentes para reduzir seu índice de utilização de crédito, o que pode melhorar sua pontuação de crédito.

- **Limite novos pedidos de crédito.** Evite abrir várias novas contas de crédito, pois cada aplicação pode diminuir temporariamente sua pontuação de crédito.

Definindo Novas Metas Financeiras

Use a crise financeira como uma oportunidade para reflexão. Considere o que funcionou bem e as áreas onde você pode melhorar seus hábitos e decisões financeiras.

Defina novas metas financeiras que se alinhem com suas prioridades e aspirações atuais. Isso pode incluir poupar para a aposentadoria, comprar uma casa, iniciar um negócio ou financiar despesas com educação.

Crie um plano detalhado descrevendo as etapas necessárias para atingir seus objetivos. Divida cada meta em tarefas viáveis, estabeleça prazos e monitore seu progresso regularmente.

Permaneça flexível em seu planejamento financeiro. As condições econômicas e as circunstâncias pessoais podem mudar, exigindo ajustes nos seus objetivos e estratégias.

Reconstruir sua base financeira após uma crise é um processo gradual que exige disciplina, paciência e planejamento estratégico. Ao concentrar-se na reconstrução das poupanças, na reparação do crédito e no estabelecimento de novas metas financeiras, você pode recuperar a estabilidade financeira e posicionar-se para o sucesso futuro.

Conclusão: Enfrentando Crises Financeiras com Resiliência

Parabéns por completar esta jornada em encarar crises financeiras com resiliência e preparação. Ao longo deste material, exploramos estratégias essenciais e conselhos práticos para ajudá-lo a gerenciar e superar desafios financeiros de forma eficaz.

Desde a compreensão da natureza das crises financeiras até a construção de uma base financeira sólida, cada capítulo forneceu informações valiosas e etapas práticas. Você aprendeu como:

- **Preparar-se de forma proativa.** Estabelecendo metas financeiras, diversificando as fontes de renda e gerindo a dívida de forma eficaz.

- **Adaptar-se estrategicamente.** Mantendo-se informado sobre as tendências econômicas, procurando aconselhamento profissional e mantendo uma mentalidade positiva.

- **Reconstruir com sucesso.** Reconstruindo poupanças, reparando o crédito e estabelecendo novas metas financeiras pós-crise.

A resiliência financeira é mais do que apenas resistir à tempestades – trata-se de prosperar face às adversidades. Trata-se de aproveitar o seu conhecimento, habilidades e recursos para se recuperar mais forte e mais preparado para o futuro.

Conforme você avança, lembre-se de:

- **Manter-se informado.** Continue se educando sobre questões financeiras e tendências econômicas.

- **Ser pro ativo.** Revise e ajuste regularmente seu plano financeiro conforme necessário para alinhá-lo com seus objetivos.

- **Procurar apoio.** Seja de consultores financeiros, recursos comunitários ou redes pessoais, não hesite em procurar orientação quando necessário.

A estabilidade financeira é uma viagem, não um destino. Abrace as lições aprendidas com experiências passadas e use-as para moldar um futuro financeiro mais brilhante. Ao manter a disciplina, a resiliência e uma mentalidade com visão de futuro, você poderá enfrentar quaisquer desafios financeiros que surgirem.

Obrigado por investir em seu bem-estar financeiro. Que o seu caminho seja repleto de prosperidade, resiliência e crescimento contínuo.

Sobre o Autor

Ray Cyners é especialista em unir os intrincados mundos das finanças, da filosofia e da tecnologia. Com um olhar atento aos detalhes e uma paixão por descobrir as profundas implicações das tendências econômicas, do pensamento filosófico e dos avanços tecnológicos, Ray cria narrativas convincentes que tanto educam como inspiram. Seu objetivo é decompor conceitos complexos em conteúdo acessível e envolvente, tornando-os um recurso valioso para leitores que buscam se sobressair em diferentes cenários financeiros, dilemas éticos e inovações tecnológicas do mundo moderno.

www.ingramcontent.com/pod-product-compliance
Lightning Source LLC
Chambersburg PA
CBHW071954210526
45479CB00003B/933